马克思主义稀有文献

《夏 声》

一九〇八年第五号

张远航 主编

中央编译出版社
CCTP Central Compilation & Translation Press

夏聲

一九〇八年第五號

本社名譽贊成員

謹以先後爲次

陝西茹君欲可　捐助日幣二百元

山西景君耀月　捐助日幣參元

四川鄧君　絜　捐助日幣參元

山西相君黃六　捐助日幣參元

山西張君起鳳　捐助日幣參元

山西張君士秀　捐助日幣伍元

江蘇俞君劍華　捐助日幣伍元

江蘇何君瑞峯　捐助日幣貳拾元

山西景君定成　捐助日幣參元

山西喬君宜齋　捐助日幣貳元

直隸杜君　羲　捐助日幣貳元

湖南陳君　柯	捐助日幣壹元
山西祁君　鉞	捐助日幣貳元
山西陳君玉麟	捐助日幣參元
山西張君之仲	捐助日幣參元
山西蘭君燕桂	捐助日幣參元
山西王君士選	捐助日幣參元
直隸張君　信	捐助日幣參元
山西李君鏡蓉	捐助日幣貳元
河南燕斌女史	捐助日幣參元
河南李君殿聲	捐助日幣伍元
陝西李君自新	捐助日幣伍元
陝西劉君士楷	捐助日幣貳元
陝西牛君翰臣	捐助日幣拾元

本社第二期名譽贊成員

新疆	蔣君舉清	捐助日幣伍元
江西	葉君鎮東	捐助日幣參元
甘肅	鄧君 宗	捐助日幣五元
陝西	高君冠英	捐助日幣五元
陝西	雷君崇修	捐助日幣五元
湖南	劉君孝叔	捐助日幣壹元
山西	雙君目子	捐助日幣參元
山西	志君自善	捐助日幣貳元
安徽	江君國屏	捐助日幣參元
湖北	吳君震缶	捐助日幣貳元
安徽	姚君定國	捐助日幣參元

本社第三期名譽贊成員

陝西李君博　捐助日幣拾元

陝西李君協　捐助日幣拾元

陝西雷君寶芸　捐助日幣伍元

陝西馬君宗燧　捐助日幣貳元

甘肅原君志迥　捐日助幣參元

陝西陳君樹藩　捐助日幣參元

山西南君桂馨　捐助日幣貳元

本社第四期名譽贊成員

浙江葉君華伯	捐助日幣伍元
陝西薛君　驊	捐助日幣伍元
陝西劉君觀光	捐助日幣貳元
陝西高君普照	捐助日幣參元
陝西李君述華	捐助日幣參元
尹　公	捐助日幣伍元
陝西李君丙昌	捐助日幣參元
陝西李君伯符	捐助日幣伍元
陝西王君震良	捐助日幣貳元
陝西陳君同照	捐助日幣參元
陝西盧君潤瀛	捐助日幣拾元

本社第五期名譽贊成員

陝西陳伯瀾先生　捐助常年費陸拾元

四川王君亞偉　捐助日幣貳元

四川荀君啓元　捐助日幣貳元

代派員及訂報諸君公鑒

本雜誌第五號。現已出版。內地閱報及代派諸君。所欠報費。尚未滙交者甚多。按本社章程。第一册收到後。訂全年或半年者。即須豫交全年半年報費郵費。（本雜誌爲愛讀諸君謀便利及推廣銷路起見。現經日本認爲第三種郵便。每册零寄一分五釐。全年一角八分。較前大爲便宜。但內地如重加郵稅。則請暫於售賣時、酌加以後定行設法。）今從本號起。凡以前所欠報費。如未滙交者。請速滙交。否則停寄。至不能直接滙交本社者。請均交西安教育總會　南雪亭先生收存爲禱。

本社敬告

論著

策國民之前途

皮生

夫明於已然之跡者可以察未來之情狀吾欲策將來請先言既往往者東西大陸交通伊始西方之人鼓其冒險之勇奮其殖民之策涉足重洋入吾深阻深察夫吾之厚於物質可以應其所求也於是爭來互市冀遂其欲而訂立條約交相貿易者非止一國也設立商埠許其棲留者亦非一地也開數千年未有之局與競爭力最鉅之民相交際覩人之長明吾所短知數千年固守不變之習不可以通於今也而取法於人之念日益發達事事步趨他人冀不爲所蔑侮而與之立於同一之位置十年來更無日不以此爲事然而行之愈久毫末罔効土地日益蹙民生日益困今遂至不能與五大強國並相抗衡而彼五大強國者固明明以保護支那領土機會

均等諸約束互相協定欲以終就其瓜分之初計並懸弱於無形吾黃帝四千年靈明之胄裔神州億萬方里之大國不旋踵將不復稱道於今後之世界而使後之人聞吾支那之名如吾今日之與人談波蘭印度也吁、亦太甚矣雖然、吾熟察夫往跡極究其所以彼日本之與歐人相往還也不先於我其謀變易一切以更新百度也亦祇三數十年與我若也然而行之十年二十年而憲法一布國本遂立三十年挫我於東陲要挾多端民氣益振不四十年而遏強俄東漸之勢號稱世界一等強國與英美德法並矣夫同爲黃色之民同居亞東智識勇力無差異也幅員之廣且甚懸絕而吾開國之古文化之啓又非彼之所敢望也三十餘年之前彼於道德學術物質文明且事事取法於我惟恐不肖又彼國民之所不能諱不忍忘而稍有識者之所最稱道者也然一用變法而強一則行之而無救於危亡者吾國民亦嘗熟察夫情與勢而知其有不能不至於此者在乎請試言之夫立國於大地而有文字語言有法制習俗自爲一團體而永久得以存立者必有一團之道德以範圍其民有歷史之遺傳以爲其國民之指導而又有其現時之情勢驅其民使不得不利用之

論著

以圖存者而後可若舍其道德忘其歷史而又不察夫現在情勢之如何而欲其民之有所向以爭趨而終鞏固其國家無所迷於他途一旦失敗者此必無之事也今吾國民道德之觀念歷史之遺傳與夫現今之情勢可得而略言也三五以前尙矣。堯舜禹湯文武周公諸聖哲實吾國道德之初祖至孔子而始集大成故曰、祖述堯舜。憲章文武。又曰、述而不作。信而好古。然則孔子之道非自創始之也循大聖之遺文習堯舜禹湯文武周公之舊典光而大之耳而吾民數千年來所賴以爲建國定邦安身立命之基者實惟孔氏之道德是信是從而亦即由乎堯舜文武周公諸聖哲之所留遺而習而行也夫自堯舜以至周孔其道一也制爲典禮別爲等差皆所以範圍其民使循乎道德之途措其國於郅治之隆磐石之安祛蠻野殘殺之習進其民德大啓文明與夷狄他種之民立於相反之途不復能使之合同者也故吾民深嫉夫外夷之侵入詆異種爲禽獸道德之進化千萬變而其種族夷狄之念雖至乎天地閉歇之秋而終不復可奪於吾民之心吾又徵諸歷史自黃帝以來代以征服外族保衛民生爲非常之榮譽以見侮於異族爲其所征服者號爲大羞以討國人故自皇古以迄今茲著書立言者亦無不以此為不可稍變之旨而數千年來深印於吾民之腦雖至永久終不得有所遺忘者故黃帝殲蚩尤於涿野而周公是膺是懲大揚我武逮乎漢武四征四服尤為吾民之所常稱道自茲以降迄於近代曾不二千年而蠻夷猾夏入主中原者至於再至於三矣故秦漢而後中國之歷史與前古異痛哉弗忍言矣然而當其亡也志節之士深明於大義視國恥為不共戴天赴死如歸者上自士大夫下迄編氓或城邑遭屠屍埋大塚或聚族自殘憤不同生吾披閱往籍誠深哀悼思猶追傷夫愛國義士之不可復生而豫悲夫吾民今日之將更逢此厄之最為可慮也又觀夫近今之情勢國本岌岌動搖欲傾環我者眈眈逐逐其謀日深何一非夷狄之為患而主持國政握吾民之生命者非不習知而深察之也然而與吾民異其心者誠利害關係之不同不可以強其為我謀也故四五十年來吾民號呼於下志士仁人捐軀粉身以為之而外則列強狡焉時以巨艦大砲恐喝於我內而奸人効忠曰應計謀摧折之術至乎今日吾民殆不復有可以圖存之理矣然一二志士欲鼓起多數之民為背城借一之舉故近年以來爭謀收回權利

論著

與列强間接相遇使他人知吾民尙有獨立不可輕侮之概者其爲益不甚大哉然而吾民雖有攘除外族之念而衷患既深內外爲難顧或舍此趨彼或知其一不知其二支節而爲之而忘一舉廓清斬除脊蠹之策其爲非計固不待智者而後辨之也今吾民處危急存亡之秋思救其國者固不乏人於是其爲術也亦各不一端而今日之談憲政者尤爲多數盲從者之所歡迎夫憲政爲治國之具今世界文明國民所公認以爲是吾亦無術可以禁人使不談也然謂他無所事急急焉移此於吾國即可以操强國之左劵而覆其亡國之惡名則俄施憲政於波蘭法布憲法於安南英於印度日於朝鮮與吾之施憲政於今日其爲用一也爲效等也如是則天下無亡國夫天下無亡國則何不可稍待至五六年十數年後諸國瓜分我而請於彼悉於憲政者而乃急急焉謀之於不知憲政之人何也吾早夜以思以爲此皆談憲政者所當深明於心而猶爲之者殆以爲舍此別無可以苟存之策故姑爲之而冀收毫釐之効於今日也然又烏知其用意之爲狂爲囈而絕無絲毫之能有所得也何以言之夫四十年來言新法者非今日之政府乎無日不爲之而究其所爲者何

事新法之收効於今日者安在有能舉其大者示於人乎然猶曰四十年來之僞政一切舉而諉之於今日之新政府彼或不任受也十年來之新政其爲新政府之自爲之而不復可諉之他人者固甚明也而官制之改以數年矣學務廢弛軍政腐壞郵便電信之業未嘗計其爲民利農工商諸大政殆未少有所布置而歲費巨帑蓄養諸官不足則肆然借債於外國而冒以舉行新政之名以爲吾民將來之患害又此諸端尤以教育爲當務之急而特見棄遺不施整頓坐使青年子弟展轉失學流爲愚而無用蠢蠢如鹿豕以遂其阻絕文明愚弱吾民之志以爲如是則天下無革命之談而彼乃得高枕而臥無所復慮夫以如是之政府而日日言立憲五年十年十五年之豫備期限常視吾民之舉動如何以爲伸縮而又於立憲豫備之時期宣布言論集會之苛虐條例以爲摧抑吾民之具吾民猶日勞皇焉望政府與以參政之權得以訾其長短豈不甚傎吾且更即四十年來政府之措置設數言以解吾民之惑夫政府而欲實行新政以利吾民則此四十年中雖未嘗談立憲議國會而學術工藝必且稍稍發達國際交涉亦或稍能進步然由今以觀則國民之智識不進

如故也政府之外交劣敗如故也今日立於諸强國互相均勢之下欲有所爲而不得而吾民乃猶望其以憲政與我無論政府之決不肯與即使與吾民矣而以此故列强謀我之計即可藉以消滅乎就令不我謀矣而以四十年舉行新政之政府復來從事於立憲更四十年後憲政之施行當與今日施行之新政同一現象吾民亦以此爲快於心乎非甚至愚何肯出此然則將奈何吾熟察夫吾民之道德歷史與夫現今之情狀而有以知吾國民決非立於異族勢力之下而可以圖存必且借吾道德之觀念溯吾歷史之遺傳以利用此現在之民氣而從事於外攘內攻使列强避然而驚制我者轉而受制於我大吾華夏之名樹吾獨立之幟以與列强相見於戎馬玉帛之間則庶乎其對於古先祖考而無愧也抑又思之當此積弱危迫之秋而欲因禍爲福轉危爲安非合吾全國之力羣焉奮興急起而共謀之則大廈之傾一木難支束薪之火易歸消滅烏能舉中國之民使盡登衽席之上而無復受制於他人也然而土地之遼濶人民之衆多冠絕古今甲於大地今其民渙焉散焉莫相聯屬譬猶病痲痺不仁者肢體不相知行動弗能得而望其指臂相助手足相扶肢

體相爲用曰、是其痛癢有攸關也則誠不知病痲痺之妄言而凡人之所不見信者也吾國今日之情勢亦猶是耳一方病矣欲藉他方之力爲之驅除而他方之力非所能至何也他方亦病也夫一國之中固如脣齒又同輔車輔車相依脣亡齒寒今脣齒俱病輔車同敝欲相爲用何可得也吾爲今日計則合此罷弱衰殘龐大不可收拾之巨體而欲鼓之使前合同一致以自爲則或不免有鞭長莫及之處而終至於失時無功弗敢斷言若舍此而別圖使一方之人各自爲謀則聲氣易通情義易達爲之而其效亦易覩此徵之事實最爲顯明者也若夫山川形勢之阻隔風俗習慣之成爲天性率皆一方有一方之特異而終不可苟同者聚於一爐而治之則或互相抵牾窒礙不通者往往而有分而自爲則收因俗利導之效息爭端於無形然後統而一之互相爲助如美利堅之合衆而成德意志之聯邦而居以稱雄於東亞並立於列强甚非難事而顧不爲此俯首帖耳屈辱於他人勢力之下坐受其敝與之同歸於盡而無悔使神州美號常此湮沒無聞以貽羞於將來竊爲我國民不取也有導誘吾民之責者其亦遠懷古先追思既往更觀夫現在之情與勢而爲吾民

一熟籌夫所當由之途乎語之所甚願聞也

開發西北回部之根本問題

回復

寥廓之野枯草盈郊蝝飛蠕動相率引入而寄棲焉以爲得自安之宅未幾野火燎原草蟲同歸於盡識者譏之謂叢林茂木隨處有適存之地彼頑蟲不善所擇自求束縛於網羅中終與網羅俱焚悲夫可爲長太息者矣雖然吾觀斯言更有莫大之悲油然而生焉巨網之設數百年於茲維鴻及魚威則罹之施網者固屬常例而不知誤投及知而故安於見慣不驚者亦習於性成豈知執火欲焚者環我側皆是特尙未及燃耳此蓋吾國今日逼眞之現狀而吾西北漢回民族雜處奄奄待斃交困於槽櫪之下昧自新思想不知大禍之將臨其現象又何異夫是也鷹瞵虎視挾其各種政策迫我而來者無慮數十國瓜分豆剖之謀瞭然掌上破竹起點或自東南或始西北說者據兩方面窺測之謂東南環海濱而處便各國艦隊往來今者港灣要律割據殆盡一旦風發雲掣先制東南死命然後升陸以徐下西北其爲計也周

而緩反是說者又謂俄羅斯素懷侵畧主義以開疆拓土爲惟一之趣向往者東挫於日其鋒一折遂轉而西向汲汲收復蒙古兼及新疆欲握北亞咽喉乘迅雷不及掩耳之勢爲幷宇內席捲南下之策西北既失東南自迎刃而解分配於列强之下矣其爲計也猛而速雖然弱肉强食古今公例非獨於今始也使我內能去其心腹之疾則外來之瘡痍疥癬更何足患夫吾民之日就衰微不克自振其受禍之原有自來矣回民聚族與吾民同類而居者垂數千年雖宗教有所不同而其同化於飲食衣服語言文字者固儼然無此畛彼域之別刻服儒冠讀孔孟書者日漸加多則漢回兩民族久焉爲同化之民可知既爲同化之民則休戚與同恩讎與共吾何用是喋喋爲特自近數十年以來處於西北之漢回人數有衝突一蹴釁於長安再搆兵於隴西往事雖已而一窮追致此之由皆本官吏治宰失平至今舊怨已釋安睹如常然彼此歧視之心吾不敢謂其均有吾亦不敢決其全無也此吾所以悲其愚而不能已於言也使處數十年以前之世界則夷狄之外更無夷狄我輩即共緊縲絏時有牴觸小有所傷而已無殲滅之禍患今非其時也環組而視爭欲持刀在

我不爲同舟相濟之謀反作鷸蚌之持與漁翁以厚利哀莫大於是然則人恥不知自憤射矢貴得其的彼回民醉生夢死與吾民同而不知解脫密網以自圖生活與吾民更何異也若然吾將進而言回部入中國之歷史與其近世所以致弱之原而策維新之道以警醒其頑夢是不第爲回民計於西北存亡之問題亦有絕大之關係焉今之回部其得名自回鶻以其奉摩罕默德之教遂並稱其教曰回教然回部實不皆回鶻種回鶻舊稱敕勒亦曰高車隋末有時健俟斤者衆推爲君長子菩薩繼之與薛延陀共攻突厥北邊追至天山俘其部人唐初突厥旣亡回鶻復攻破薛延陀而突厥故地亦爲回鶻所有則其人兼有回鶻突厥薛延陀三種可知觀其自稱葉護與突厥同則回鶻突厥種類亦非大異其入處中國者以唐肅宗時葛勒可汗助討祿山郭子儀僕固懷恩與之收復長安於是留兵沙苑而秦隴始有回人矣其後白元光復合回鶻兵於靈臺擊敗吐蕃又世世以公主下嫁回鶻留長安者亦衆及宣宗時甘靈諸州復爲回鶻所得然則陝甘二省回人即唐時回鶻舊種也其在新疆者雖有西遼之裔而蒙古乃蠻及舊三十六國諸種亦多參錯其間元世祖

攻宋時先取大理。卒其種人以入故雲南復多回部其後官制雜用蒙古回鶻中亞細亞諸人故各省兼有回種是新疆與內地諸回其種稍別于陝甘也但以同用清眞之教故通稱曰回人然唐時回鶻實奉摩尼之教其奉摩罕默德教者則以黑衣大食（即亞拉伯）曾遣使者朝貢代宗用其兵以平兩京其時回鶻與亞拉伯人始相接觸後奉其教亦意中事且回鶻突厥種本大同今土耳其即突厥人屋德門帝國既盛威力所及徧滿嘉峪以西則回鶻之奉摩罕默德教也亦同氣相求矣惟河南所有回人則有與此異者經典多近猶太西人皆謂是猶太人又印度種族當晉宋間亦有六千餘人遷入洛陽特此土不能分別則通謂之回人耳至明季瑪墨特自天方來始傳新教故新疆回教亦與內地少殊云回人漢人世通盟好唐時削平安史回鶻之力居多至明世尤相親睦凡列於朝貢者土魯番等一十五王而回教之國遠在蔥嶺以西者復有天方等二十七王撒馬兒罕等五十三王其與嘉峪密接者哈密土魯番皆有忠順王哈密王周史者本蒙古威武王納忽里之裔。土魯番王陝巴。則爲回鶻種人。藉西域以制瓦剌故恩禮特隆焉清初準部橫行回部多遭蠶食康熙上諭。謂準噶爾攻取回子千餘城此兼回非回堡數之也及乾隆世。亦撫回以制準大利卓木霍集占氏（即瑪罕特之玄孫）得恢復葉爾羌諸部準部既滅霍集占欲爲自立計始稱巴圖爾汗傳檄各城回戶數十萬皆靡政府始嫉之卒令兆惠往滅其國而素成、斌靜之徒。陵虐回人幾同草芥其後張格爾玉素普相繼獨立亦爲長齡所破蓋現政府之待屬國蒙古爲婚姻西藏爲教師漢人爲臣僕回人爲牛羊等差各異回人之仇現政府也宜較漢人更甚然回部所以致敗者非由兵力衰微亦自相尋仇之故霍集占兄弟以不禮巴達克山爲其所殲張格爾以白帽回人陵轢黑帽回人遂爲和闐所襲然則同室操戈之爲患信不可不戒哉回部與吾民關係、如此其自取衰弱之道、如彼。今日者。西北危急迫於燃眉一旦暴發牽動全國素所恃以爲保障者並冰山之不若欲長此依依苟延殘喘而不得勢不能不早爲自衛計以圖永存無論漢回民想亦同切此情也夫黃白衝突日演日進天地閒戰伐之聲大陸有沉沒之虞宅斯土之舊主人日惟袖手神州聽送殘局今獨責望於合羣而居之寥寥回民其強弱之關係何補興亡然回部既與吾民爲共同生活休養生息於同

語曰、物窮則反。豈不然哉。平安朝末文藝之盛達於極矣而一經喪亂昔年盛觀頓歸無有文學衰而武術乃獨盛惜矣抑又日本之幸也京都大學及地方國學。鎌倉初代已漸衰廢。釋奠之禮學校之制。俱流爲虛式。公卿大夫而外無治漢學者而平民教育則僅賴僧侶之徒設寺子屋授習字算術等其外無學校也蓋僧等治佛經故不得不習漢文而誦讀之暇兼以教人其課至簡而其效甚薄日本中世賴有此耳源氏以後。始爲南北朝之爭。繼入戰國。擾擾百年。天下紛然。教育之事愈不堪問及豐臣氏起統一國內德川繼之遂開近世之局蓋日本中世數百年間惟北條盛時有金澤文庫之設（西曆一千二百七十年）上杉憲實有足利學校之立規模宏大猶爲史光其他無可稱者吾嘗思王朝之教育界如名花滿開色香四溢及平源相爭則如風雨驟至已摧殘其半矣迨至戰國冰雹交加舊日壯觀遂無復少存嗚呼。此不可不爲日本惜也

雖然此多就學校教育言耳國民風氣因時而異大勢所趨往往走於極端而結果則善惡互見日本中世文學衰沈而武術則獨盛武士道教育衍傳至今猶爲國民

教育之中堅此不可不察者也。日本尙武之俗。源自上古。及平安朝京。末中公卿大夫。醉心文藝。爭向奢侈。警察追捕之事。委之地方武家吏。使入貢武士衛京師。於是武人輩。皆集其徒黨。修弓馬之術。輕死生。重義氣。羣向京師。各愼其行。精其術。以競榮譽。是時國學已漸衰。故京師而外。全國風氣已專尙武。此武士道教育發達之第一期。源平二氏。武家之大者也。奉職衛京師。而互爭武權。及平氏傾藤原氏也。源氏乃率八州武士。起而滅平。收天下兵馬。而開幕府於鎌倉焉。武士得政自是始。故武士教育自是愈昌。當是時。禪僧始倡心印之說。風行全國。武家子弟師之。以爲鍊丹之術。武士道教育遂又一進。是時日本方之希臘。則京師如雅典。而鎌倉則斯巴達。斯巴達人之送出征也。曰不勝而歸。則乘楯而歸。日本鎌倉時代其送子弟出陣也。亦曰受矢於額。無受於背。其尙武輕生之風。千載之下。凜凜如見。嗚呼盛矣。此武士道教育發育之第二期。北條之時。元興於蒙古。以滅宋之餘威。侵襲日本。史稱率兵十萬。船數千艘。其聲威之壯。固非日本所能敵。然沿海武士。竭力防戰。屢敗不屈。方危急時。大風適作。元艦盡滅。日本以安。是役也。影響於人心者。至鉅。知國防之急。於

相尙及壯則爲兵社會之視兵也尊之過於他業吾嘗聞日俄之戰爭也出兵之際。親友送行者贈以祝死之旗。兵戰死。報至家。家人以爲榮。不悲傷。其尙武精神之範圍人心何其深且周日本之强良有以耳而此精神教育之成實中世以來尙武俗成鍛鍊浸淫有以致之則雖謂日本之强中世武士道之功亦何不可向使日本中世者繼王朝之盛大興學藝輕視武事數百年之進步文明史上固必炳然可觀然試想像其結果爲何如乎社會日趨浮華人心腐敗舊俗淪亡則其流弊所極勢必與我國等元師之來日本或亡未可知也然而其趨向相左其結果遂相反嗚呼天下事固不可以一端論耳此吾所以論日本中世教育之狀爲日本惜而尤不得不爲日本幸也

吾書至此而有感矣。吾祖黃帝滅蚩尤定諸邦以武功開國運衍來雖時有盛衰而漢唐盛時皆能擴大版圖威震百夷以大我漢族光其豐功偉績至今述之猶令人勇氣奮發嗚呼、古之中國，何其盛而有宋以還一何吾族之不武也數百年間滅國者再今與白人遇二重奴隸之輪復駸駸將至焉夫元明時代之社會狀態吾不可

得而知矣若論今日民族精神已澌滅無少存智者躭詞章文藝之末愚者安於其遇惟衣食是謀體羸氣怯志氣卑下求以救中國復漢族名譽爲志者茫茫禹域果有幾人吾不遍論論吾秦可也昔以軍轔駟鐵之風冠全國者而今則何如矣嗚呼吾族淪落至於此極哉夫文野與強弱本爲二物吾國人多以文明自豪而不知國弱以亡則文明將隨以俱盡讀吾文者其有與吾同感者乎（此節已完全論未完）

興辦西北實業要論（續第二號）

俠魔

（二）組織金融機關

抱布貿絲以眾易器上古交通未廣時村落蔀屋之民以有易無相資爲用各得其所欲望不奢歲需不出豆麥麻縷鹽鐵之類品質單簡故彼此所持無甚懸異之差交換亦不致困難櫛戶比隣無遠涉苦其提攜鮮重礙之累迨人民智識稍進交易日繁所仰望之品物漸複雜則貿遷之道亦不得不隨時勢轉移刀龜泉幣之興盇有來矣自有錢幣以代物類則操縱財權由一端可彙萬殊遠邇交得其便金融機

關逐次發展經數千年之變革各國財界之經歷至今日愈形其美備國之程度益文明則其國貨幣益輕便然上溯各國貨幣發達沿革皆有自然趨勢相產物之宜因時致用以逐級改進非拘泥爲也現今各國均多以金銀爲貨幣是固便也然金銀最少之國例如亞弗利加內地多以布疋爲貨幣所易品物之價因量布以交換之或以土人家畜爲富之標準古代希臘卽以畜物價格之品值北亞米利加土人中持貝殼以爲貨幣之用烟草生產之地爲每歲輸出重品卽以烟草爲貨幣者有之其地產柔毛卽以是持作貨幣者有之往時蘇格蘭之村落曾以針爲小貨幣日本初尚以鐵爲之其價雖廉易生銹轉而易以鉛然質弱軟後遂改觀究之貨幣之用品及義意在攜帶輕便分割容易經久摩擦不損失其價格而已故有用寶石爲貨幣者攜帶雖便分割不易終亦難行兼擅數者之長莫金銀若故諸國現多以金銀爲貨幣本位輔以紙幣以接濟其不足我國貨幣無定制各省不同逐處而異外人通商以來我之經濟界大受虧損以國內而轉用異國幣制者各埠大抵然也卽或有本國之幣市廛流通反不若外幣見信於人其國權旁落財政外溢不惟

與各國之交換動形差異即每年賠欵之償還亦多損折矧稅關權操自外人手遂處無非吸我民膏血之地商業智識不增外人設銀行機關以收集我民財產者歲不可以錙銖計金融界之劣惡遂以啟外人商戰之野心經濟滅國之策咸欲嘗試於我而舉國夢夢莫或反觀是可不爲前途懼哉今試一覽吾國金融之制則蕪雜之狀態應即知財界致敗之原非無由也

金融者資本通融之意西文謂之夢而馬階特譯言錢市也錢古作泉有流通之機而無停滯之意擬其流動不已之狀名曰金融金融之於實業猶血脈之於動物血脈一日不運轉則動物必致僵死金融無活動之機關則實業弊故生理學最重要者曰循環機關經濟學最重要者曰金融機關金融機關之完備與否視其國之文明程度如何同律度量衡自古已傳有定制迄今百務俱弛衡法不歸劃一各省自爲風氣（以全國言之既有京平津平曹平營平廣平湘平漢平關平洋例平之別即就一省言之若直隸則有通州平保定平豐潤平開平平盧龍平昌黎平之別甚至就一處言之若天津則有津海關平津道庫平津藩捐平長蘆運庫平津糧平津行平津公平等之別）不肖市儈往往緣此爲奸欺罔旅商不習此道者遂受其愚莫克自辦商業之退步暗受其影響者亦自不少幣制無定則銀塊銀圓雖相並

而行然此地之銀圓易之彼地即不能見用銀塊攜帶固自不便而貼水增色之弊習即精此道者亦不能必其無異處折虧之處（中國銀鑄造銀圓者不過數省而已餘多用銀塊按銀塊施用之法亦經幾多波折他省無論已第就上海一處言之他可類推滬上商人貿易時以正貨結算時多用一種自古相傳之銀塊互相受授名曰馬蹄銀以其形似馬蹄也今欲說明其用法先說明其輸入及製造通常德英法諸國輸入一種銀塊名曰培多納司其成分蓋千分中含有純銀九百九十七八而以此銀塊造爲通貨則另有專業名銀爐若有人購銀塊則托銀爐造變馬蹄銀每一蹄約五十兩持至公估局使證明此蹄秤量幾何兩公估局者所以證明銀性者也公估局更以此銀性與開港以前之紋銀性互相比較而証明其與紋銀有幾何之差若銀色不足而加入應加之成色名曰申水）幣制之鑄造既不一事權皆可散處雖曰法嚴令密實濫用以漁利者比比皆然各省銀圓銅圓局人自爲制漫無制裁官吏以此爲金庫遂使銅圓充斥供多於求其在各省銀鑪商人亦得無限自由鑄造銀錠之事雖同而規模各殊元寶有山東山西上海湖北之別錠有川白松江荊沙之分湖南之龜寶陝西之槽子相沿相襲自私自利私鑄之禁立法綦嚴然市廛中私造沙銀鐵錢其勢力亦與制錢並行遊民奸宄得而惑民而金融之波瀾於焉頓折英國碩學斯賓塞爾之論貨幣曰凡人欲飲則取給於茶商欲食則取給於餅師貨幣之鑄造亦何莫非營業之一固當聽商人自爲以供吾求誑干涉爲背理吾之所言亦非欲吾民仰政府鼻息剝就現政府之敗狀而觀安知干涉

之後不反弊於放任者第値此經濟爭雄之會稍一失足即致敗北羣挾其技能以魚肉我而政府昏焉味焉罔不足道即我之一班商民乏經濟學力無高遠思想徒尋蠅頭之利具此情形窺之固萬不能不大事改革然千端萬緒廓清而整頓之實爲國家今日之一重大問題非數言所能罄亦非茲篇問題所暇及特吾欲言興辦吾西北實業而入手之端。必自改良金融始吾全國金融界之紛亂既如此剜其黑暗不可言狀之幣制如吾西北者以言改革更屬不可遽行之事吾即欲言之徒紙上談兵而已何益實行無已取吾國各埠已施行之幣制較之吾西北所用之銀塊錢票稍爲便利而能仿行。且參取其各國經濟活動之機宜以打破藏金滯財之陋習。俾金融流通。毋爲實業界之前途梗其道維何。亦曰交通其現行之幣制。與組織銀行。以通融停滯之財產而已。茲略言之於下。

變通幣制

中國幣制之壞既述於前矣而吾陝甘現行之制及市井相沿之惡習阻礙商業爲害社會更甚通行既無銀圓。必賫銀塊以運用。日常銷費。需銀之時。持錢以易。需錢者復持銀以兌換之特滑商居中嗜利習於性成兌換之交折色扣平每兩已虧損多多若更轉而仍以所得之原金欲復易錢同一銀質也反從而索其補色增平故每兩之金出入闌闠不四五度而已剝削無餘商賈以此爲營利之階他經濟諸學皆無事研究壟斷之術愈精而民間被其疾苦者愈甚今者道路攸阻交通尚未及於遠方則此一班不能通行盡利之幣制而尚可流通於四塞關河之間無他意外虞也若鐵路漸次告成各方面之貿易必多事事必持銀塊以運用事終不濟即就鐵道營業一端而論其售票運輸諸費倉卒交易聚千百人之需求於數時間內處理之必不能盡各人之銀塊而衡其輕重檢其成色則其所用之途勢不能不取歸於劃一之幣制以利用之彼時吾省既無鑄造之銀圓應需而至者必且設局以資吾輩之求而高價以待剝索我之財產勢所必至外幣之輸入即可乘機而投其輸入爲他省之銀圓也於本省雖爲虧損然楚弓楚得爲害尚淺若外國之幣因此流入則國權喪失必招經濟禍人之毒法國之垂涎雲南也即以握幣制權輸入法幣爲惟一之政策此銀幣之不可不變更也

至如銅幣。則陝甘內地所流行更複雜莫可名狀。珠聯魚貫。未進化時代之錢制。大抵爾爾。至人民生活程度漸高。諸凡皆取便利。錢制為日用所必需。即其型模亦必變重累為輕便。為其易於攜帶也。故現今貫錢之制。不惟為文明各國所不行。即吾國東南諸省亦已改革。全國所留者僅數省耳。價值不過銀幣一元之多。而重量乃至數斤。腰纏既滋行途之苦。償價反抵錙銖之徵。生活程度過低之故。此亦無足深咎。於現時所慮競爭之潮流漸迫。及是不圖。事迫燃眉。必致深累。刻即就現時而論其為患於民間已非淺鮮。錢莊銀號。設罟網以欺詐我民也。平時持廉價以搜集所謂沙錢鷄眼剪邊等不能通行之錢。暗攙雜於制錢貫串之中。有執他幣以易之者。稍涉疎忽。未及檢視。其為礙於臨時鎖費之際。已不待言。即使愼審檢察。一貫之錢。銷光陰於數時。所爭僅能差勝。整入者仍或不覺。散出者沙裏淘金。惡錢必至停滯。每貫之錢。所損居十分之一者有之。甚或不止十分之一者亦有之。好利爭圖。翟焉愚遈女紅灌園之所得歲入幾何。以供此輩縱欲肥體之料。雖曰作俑者別有其人難以責之若輩。然其為蠹閭閻。實足以撼動社會之根本。阻經濟前途之進境。不知

善變必致重憂勿謂瑣瑣者不足計及也此銅幣之不可不變更也

紙幣者與正貨相輔而行按資本之多寡爲發行之標準其利益爲便往來之周轉各國皆由國家發行頒於各銀行或由特許銀行發行分售於各金融界運用惟須取信於民庶不致礙中國既處於無信任政府之下金融機關缺焉不備則紙幣均由商人自行發行而多寡之數額不必定依其資本以爲量於是所用之錢票民間反受其害者累累即有信任久孚之號其紙幣於一縣之中尚可通行若挾而之他雖鄰縣亦鮮見用其次甚或一縣之中有不能推行盡利者以云輕便易行予不信然而陝甘商民最近發見之弊習尤爲堪痛不逞之徒每持微資以開場貿易其目的所在爲餌愚民之財計也以數百或千餘金之資本貿然發行倍蓰之紙幣交易閱幾寒暑視其紙幣發行將罄則慾壑滿盈倒閉立至民財被其乾沒即有鬱爲心結者興訟控訴而彼等叩昏夜之門爲苞苴之進持金珠以箝差役官吏之口依然解脫法網所入愈於所出數倍而託貸之因此同歸湮沒者尤在不計算之列此其所以紙幣不能盛行反滋叢弊西安雖有官錢局之設其所發之錢票民間咸望

而生畏持以取錢則前所謂種種惡錢夾雜盈貫稍一啓口則虎威厲行枷鎖臨身人遂敢怒而不敢言爲便民計乎抑爲虐民計乎吾不得而知也此紙幣之不可不變更也

雖然鑄幣爲國家事業非紳民所可自行擅動然紳民雖無行政之權而有鞭策行政者有或失當之責幣制爲行政之大端辦之不以其道累民何限他國善制能言而不能行者姑置勿論其能見諸施行者可宜集合明通知大體之紳商先組立商會會成則關於財政之事既有歸宿然後統籌辦法詳說其理由商咨財政局並申請於大吏即擬仿行湖北貨幣廠辦法其銀幣及銅幣之重量花紋式樣暫仿行之俟各省改歸一律然後一遵定式其派人調查購買機器以迄開設官立製幣局雖責在官辦而釐清利弊以防雜有他質以淆亂銀質或銅質之定一標準可由商會監督以杜絕其弊至鑄造成則全省關稅錢糧及市場貿易皆可施用而民得稍利即於興辦實業之途亦稱便易至如紙幣則相沿商家可以私自發行惟此後由商會調查須發行之紙數不溢出資本之額外而任意倒閉亦須議有專條如此則庶

足以維持商界不爲民蠹而諸業之興盛有賴焉

(11) 設立銀行(是節多本日人野口弘毅氏所著銀行新論更參以他書斷以己意)

銀行業司金融機關之樞紐滙兌也存放也借貸也皆可資經濟界以活動之機也故掘地藏金懷寶弗出者自有銀行業而鄙習漸破得廣貯蓄以分母金之利潤且自有銀行業而企圖工商業者不必盡有絕大之資本有信用即有資本繼長增高化散爲聚既可資實業家之挹注又足爲貸主與借主之媒介其利便社會靈通商界莫銀行若但銀行之種類不一與辦之難易亦自有別茲舉其各種銀行之性質說明之俾知此中利弊然不必其即能按數而設立擇其最切近而單簡易行者倣辦之以開導營業界之先河

銀行營業之資金大抵從自己投下資本金與他人所存金或借入之金而成者前者謂之投下資本 Invested capital 後者謂之借用資本 Borrowed capital 投下資金者就股分組織之銀行而論股東所納之股金是也借用資本則爲各種之存金發行紙幣並募集之債券而已然就各性質之資本而觀則銀行業之主眼仍在

多蒐集借用資本以廣貸付於需求資金之人是則借用資本之爲用差勝於投下資本也明矣蓋投下資本之金額有限而需用之資金無限者也以有限之資本而應無限之需求欲表揚金融機關之効用不可得之事也故銀行之功能不依自已信用吸收他人貯蓄之資本擴張其負債額增其借用資金卒不能疏通金融之機關且不能增加其自己之利益無確實信用託貸之金額自必寥寥基礎不鞏固其發行之紙幣必不能疏通而債劵之募集應之者鮮有其人也然則銀行業務之主腦在得社會之信用而已若信用不堅則借用資本必不能多借用資本不多則營業資金必少營業資金少其貸出之金額無幾而所得之利潤必不豐欲期業務之隆盛亦已難矣故銀行資本以借用資本爲重要欲借用資本發達必以信用爲先腦信用者實百般業務之操勝劵於銀行業尤爲要中之要也

雖然資本足運用不得其方亦未爲得也其運用方法雖因銀行之種類而異其趣。然其主要之部。不外下列諸端。

(一)預金。即存款也分定期預金與不定期預金 (二)發行紙幣。(三)發行債劵。債劵者株式會社(所謂株式即股分也無數之股其式如株故日本謂之株式)對其社債所發行之證劵也(四)割引。即減折其原價之謂九折曰一割引八折曰二割引(五)貸付。以金錢貸於人之謂(六)貸越。彼此互相貸借之中貸金多於借金者(七)收納公債及社債劵等。(八)滙兌。(九)收債。(十)保護存物。貯存於銀行之株玉寶器銀行得取其償價爲償以保存之

由是以觀。則銀行之大要組織。可大別爲二。一曰能働之業務。一曰被動之業務。前者對於銀行則居債權者之地位債權者對於特定之人有要求其爲某事或不爲某事之權利後者對於銀行則居債務者之地位對於債權者負擔債務之人名曰債務者例如甲對於乙有當償給金錢之債務時以債務關係論之則甲爲債務者乙爲債權者故割引貸付貸錢等。解見前皆權操自我爲能動之業務也聚收借用資本及存金並紙幣債劵之發行應之者在人爲被動之業務也二者缺一。而不能成其爲銀行若僅營能動之業務則是貸金店專放欵貸之舖與質典商耳反是則又爲資本之吸收所不足以調和供給與需要二者之作用銀行資本吸集之方法如此。而運用資本之道如彼。吾今更進而析言銀行之種類。

(一)依法律爲標準而組織之者。

(二)因資本運轉之遲速爲標準而組織之者。

(三)以特權之有無爲標準而組織之者。

(四)視業務之性質爲標準而組織之者。

(一)依法律爲標準而組織之者。分個人組織與結社組織。

(甲)個人組織者。用一人所持出之資本組織一銀行無他人之資本聯合焉謂之單獨組織

(乙)結社組織者。二人或二人以上之資本家共同組織一銀行所擔責任之大小因會社之事業而辦會社所分之名目(一)合名會社。合名會社合全體社員擔全社之債務負無限之責任而組織之會社是也(二)合資會社。合資會社者非如合名會社人人皆負無限之責任蓋係有限責任與無限責任兩方之社員組織而成(三)株式會社。株式會社從社員所出之股份組織而成其所擔負之責任爲有限之責任社員於股東會公選股東中之人爲管理人以代表公司任執行業務之責(四)株式合資會社。株式合資會社者爲一種變相之合資會社自一部之股東(即株主)與一部之無限責任社員組織而成然無限責任社員從中負執行業務之責且對於外有代表會社之專權

(二)因資本運轉之遲速爲標準而組織之者。其分類爲動資銀行及靜資銀行。

(甲)動資銀行者。運轉資本最爲迅速因短期之信用以吸收資本及利金世間一般所謂銀行者大抵皆此類也在日本例如日本銀行及橫濱正金銀行。悉屬此。蓋一國經濟社會之組織最稱複雜從種々部分而成其情勢決不能相同農牧

也。殖産也。其收益大而遲緩。若商業貿易之途。資本之運動。復極活潑。動資銀行者。即應於經濟社會所動之部分。而爲敏捷之金融機關也。故所營之業。或貸或借。皆不歷期限。短資金之回轉。極頻繁。旋出旋入。弛張紳縮。最能自由。是爲此種銀行之特色。無長期之貸借。持一定之約束。彼此皆於短期約束內。履行其信用。

（乙）靜資銀行者。處於經濟社會運轉資金極緩慢。爲長期信用之銀行。在日本例如勸業銀行。農工銀行是也。屬於此者。發行數年中償還之債劵。以吸集資金。而爲長期之擔保。以營業者也。（按動資與靜資即如我國之錢商中有兌換頻繁旬日或旬月任意存取者即動資也有約束一定之長期非至其期不能取者即靜資也）

（三）以特權之有無爲標準而組織之者。分特權銀行與私立銀行。

（甲）特權銀行者。據特別之法律或條例而設者也。所謂有特權者。在日本如日本銀行。横濱正金銀行。日本勸業銀行。農工銀行。日本興業銀行。臺灣銀行。北海道拓殖銀行是也。此種不定屬官立銀行與國立銀行。大抵多爲株式會社組織而成。受政府特別之監督。同時政府即與以特別之保護。或委紙幣發行之大權

許發行付利之債券盖此等銀行雖即爲私家營利而設而於國家公共團體有莫大之利益莫大之關係故享有特別之權利焉

(乙)私立銀行者全不受政府之保護亦無特別之權能爲一般普通銀行而已

(四)視營業之性質爲標準而組織之者分紙幣發行銀行、商業銀行、貯蓄銀行、農業銀行、動產銀行、人民銀行(即信用組合)六種

(甲)紙幣發行銀行者動資銀行之一種所謂發行紙幣之銀行是也紙幣爲一種約束票據在發行者對於所持紙幣之人支給其有約束之證券無論何等銀行皆可發行然於歐洲各國之實際而觀之不能皆有此發行權幾多之國或委此發行權於特權之銀行其餘銀行皆禁而弗許如是之銀行稱爲銀行之銀行即所謂中央銀行也凡國庫金之出納公債事務之經理上悉屬於此有特別之權利同時即負相當之義務英德法俄諸國皆採其法而用之惟美國行自由制度政府設嚴格以監督之許多數之銀行皆得有發行權竊謂紙幣以代正貨必恃信用以爲標準政府無信用則自由制度較勝特許制度也明矣矧欲行特許制

度必一國有紙幣統一之制否則爲弊更甚於此不可不辨

(乙)商業銀行者持資金以供給商業家爲目的尋常所稱道之銀行多屬此類各國開設銀行之數惟此最多業務亦甚發達論一國經濟界上緊要而不可離者也國之勢力偉大他銀行皆受其影響其性質爲動資銀行之一種調合經濟使常流動而不停滯之金融機關也運用資金極敏捷爲短期之授受其貸出資金出納迅速無暇選擇營業資金本各種之存金而成促商業進步爲國家經濟繁盛之一大原動力也

(丙)貯蓄銀行者以增進一般人民之貯蓄心爲目的貧民職工或勞働者日所得除消費之外零星碎金無善地以藏之必致費盡一有不虞時形顚憐故此銀行之設專收集細民之瑣金以獎勵人民勤儉之心而集腋成裘得供他方長期之借貸又謂是等銀行曰慈善銀行各國最盛行焉

(丁)農業銀行者靜資銀行之一種農業者以不動產土地等作抵當對銀行而得抵利長期之借貸銀行亦有所據而無恐其目的在期謀農業之改良所謂土地抵

當銀行。不動產銀行。農業組合銀行。大抵皆此類也。在日本具此銀行性質者。爲勸業銀行及農工銀行。

(戊)動產銀行者。爲工業者之特別金融機關也。授受皆取長期之信用。仍屬靜資銀行之種類。其所營事業以工業者之債劵股票及諸種有價證劵作擔保而貸付其資金。期工業之發達爲目的者也。在日本如興業銀行是。

(已)人民銀行者。一謂信用組合。屬細民之金融機關也。此制創於千八百八十九年德國某經濟學者。權利競爭日熾。大工大農奪盡社會之利。小工小農淪落於黑暗之中。靡所底止。此銀行即爲扶持細民便於營業而創設者也。其組織之方法。凡爲組合員者。各納若干之資金。無論如何之小額。皆得納入銀行。以此資金貸付於組合員之小農或小工。俾自營業。若猶不足時。可由銀行之信用。從他借入以補助之。而銀行收得之利。仍配分於各組合員。但銀行之成立。須從組合員中選出數人。以監理其事。即貸出於組合員之資金。亦不時稽查。恐其有或失當。各國現行此制者。不可勝數。社會蒙其利益者非淺。則此銀行。謂爲一互相救助

之組合機關也亦可

銀行種類之梗概畧見於此其爲一國經濟界緊要關頭助各種實業之勃興與社會以莫大之利益端賴是也其他若保險局郵便貯金幣紙交換所皆爲金融機關之必要逐次行之非可百舉齊興也而銀行之設爲最急吾國昧於此種營業外人在吾國商埠開設各銀一所吸集之資本半屬我國人托貸彼從中持以興辦諸務不過每年少給其利子而已自吾國人觀之必深佩其信用而無侵沒之虞豈知僅此受虧已多若吾國人自能集股興辦則受益更巨矣爲西北興辦實業計則銀號錢莊之營業徒拘守古法坐以待斃寧如一轉移間變其舊有之事業別開生面擇其銀行種類中之最要者隨地開設一以供實業家之揮腕一以便民間之貯蓄地利賴以闢勞力賴以施又何有懷寶啼饑之慮觀此興起端在其人固不必定以資本家始能成此業也

（未　完）

朝鮮人歸化中國之感言

覺民

自間島問題之轇轕起。而韓人之求歸化中國與夫中政府允許其歸化者。已屢見於中東各新聞。在韓人入籍之意。以爲今日之韓國不成爲韓國人之韓國矣。韓之政府既不足以保護其生命財產。而又不忍受他人之奇辱虐待也。故憤然出國門而冀中國之庇蔭。且中韓兩國本有極密切之關繫。數千年來。韓人持以小事大之義。而中國亦不背以大字小之旨。其間雖間有衝突。然歷史上之關繫。終難斬絕。故一受他人之苛虐。不求歸化英美各國。而惟求歸化於中國也。嗟乎。箕子之裔。神明之冑。迄於今而爲人奴隸牛馬。竟至無國而求厠身於人國。有心人聞之。當無不涕泗滂沱矣。吾復何言。雖然。吾欲無言。吾有不得不言者在也。夫無國之人。至求入人國求者之意可哀矜故被求者亦斷無拒之之理然試問今茲之被求者其能力果足以達求者之目的否邪又試問中國現今之政府其能力果可保中國之人不求入他國之籍否邪若能保中國之人不求入他國之籍吾不爲中國幸吾爲韓人幸矣何也韓人求之之目的可達也而奈何事實正有相反者中國人之僑居南洋羣島欲入日本籍者已爲世界所共知而推測其欲脫母國之原因則其受外人之待遇與韓人同有可斷言韓人無國而求入中國自韓人之眼觀之以爲中國尙有國矣而不知中國者已爲世界公共之國而非中國人之中國矣非然者其求入籍於人國何其相同也准是以談則今茲之求者與被求者其不能收良効果自不待煩言而解矣『章臺柳章臺柳昔日依依今在否』吾哭韓人傷韓人吾不知哭傷吾海外之同胞者又爲何如人也雖然韓國亡矣而韓國之人尙能自知其亡也自知其亡或可有恢復之望故近日韓國之舉義師者不一而足鎗斃伊子榮伊子榮美國人爲韓國顧問官有年今歸美國途中爲某報館道日本保護韓國之利益爲旅美之韓人所殺謀殺伊藤侯見中外各報皆其見諸事實者也即以永不能恢復論而其亡也尙爲韓人之直接自亡其國也若中國者棲息外族專制

之下卵翼於羣虜之羽下已非一日噬臍之禍匪遙剝膚之痛在邇今猶耽安枕席不知愛惜故物其較之韓民爲何如耶是亦大可慨也已

吁嗟乎吾中國以如是龐大之民族廣闊之版圖而不能保護其國焉又何論乎他國故居今爲韓國計舍提倡其獨立外不易爲功昔古巴之獨立也金密士以數十人渡海而壯士雲集者數萬以與西班牙數十萬兵戰而古巴獨立之事業終成非律賓之獨立也以壯士十人槍數枝規西班牙五百人營奪其槍五百枝血戰累歲而非律賓獨立之事業亦成況韓國以三千年之古國七千萬之民族倘能策羣心合羣力其較之古巴非律賓獨立之事業當更易矣吾願韓人之急自爲謀而勿爲苟且偷安之計也可吾願吾國人勿因是以自豪遂忘其己國之現態也可

辦理日教員行兇之非策

健公

西安函云東教員謝花寬功野蠻非常今將毆馬夫案一切交涉錄出呈上並附評語以爲吾國之請東教習者鑒

宏道高等學堂職員禀　具禀爲教習在堂逞兇事緣月之二十二日晚十二點鐘後。東洋教習謝花寬功與池知清茂。不知爲何原因持礮。挾刀。聲言找伊馬夫秦姓。其時全堂人等。均已歸寢。忽然喊聲大起。驚動所過地方人等。嗣經堂役報告職等。登時即起。從暗中窺伺。（公等見死不救）該兩教習已將馬夫秦姓拉至伊之臥室。以布巾塞其口（據本社訪事員云。先將布巾浸以毒藥鹽鏹水等。後始塞其口）以繩縛其手足。用刀背木杖痛擊。謂欲置之死地。職等又素知謝花性情粗暴。是以莫敢向前（嚇死）勸解。伊等忽毆忽止。約至兩點鐘時。旋將秦姓拉出。逼令門夫開門。置之於堂東隙地。復以木棒暴毆。當經職等令門夫堂役等往救。解縛去巾。扶秦姓至王家店養傷。二十三日早。學生以該兩教習持砲挾刀。夜半咆哮。賤視華族。紊亂堂規。即將兩教員所授各科。罷班不上。似此情節關係重大。現在胡督監又在省垣。除告明前任胡監督外。懇祈憲台大人鑒核速催監督臨堂以息風潮。

委員薛士選禀　竊卑職面奉　憲諭。飭赴三原宏道高等學堂査教習謝花寬功持刀挾鎗逞兇一案。迄即起程。於二十五日抵原。查知東洋教習謝花寬功。用得馬夫秦姓。係三水縣人。因被使赴省送馬。喂養十餘日。多用錢一二百文。經謝花聞知。邀同池知清茂。於本月念二日晚十二點鐘後。在堂內將秦姓手足。用繩捆縛。以布巾堅塞其口。用刀背木杖。遍體痛擊。旋作旋輟。並聲言殺死汝中國人汝中國亦不敢過問。全堂人等見其持刀挾鎗。氣燄洶洶。可望而不可近。敢怒而不敢言。任伊所爲。約兩點鐘之久。復逼門夫開門。將秦拉出。縛而棄之堂外之地。用木棒亂打。經堂內管理員速遣人往救。始得脫免。至今秦姓身體腫痛。臥不能起。延醫調治。能否不至殞命。尙未可知。堂中學生因其蔑視我華族。草菅我民命。同深悲痛。不願奉伊等爲教師。管理員亦無法壓制。此罷課之所由來也。查謝花寬功前次多有不合道德。不守法律之舉動。兇毆會計官郝秀升。侮辱庶務長牟瑾。橫打堂役人等。非止一次。今又與池知有此等行爲。明係有意蹂躪華人。不特擾亂學生治安。破壞堂規已也。現池知情願悔過。又係初次妄動。爲人所脅。尙可從權暫留。學生亦皆認可。惟謝花將馬夫秦姓自行毆傷。反函告三原縣。稱伊馬夫被他人毆傷。又在堂內佯爲不知。屢向管理員問學生。因何不上堂。多方挾制。卑職與胡監督。現明事由。請其暫緩上課。俟定議再行佈告。伊將向胡監督面稱此事。若不爲伊設法維持。伊必不能甘休。且於生命大有關係。堂中學生。望而生畏。堅請辭退。卑職亦無可如何。只得按合同第五條辦法。惟此人狡詐非常。能否和平解約。尙不可必。

東教習之野蠻口供。　委員等再啓者。今晨同謝花談判。渠來堂書數語。即盛怒而去。野蠻行爲。可笑可恨。今將所書數語錄後。

解約之理由。弟不明白。又弟不能承奸人之言。故無解約之理由。請後日分明之後。再議此事。今日弟無言。即去。

當其去時。職等未便阻攔。正擬用函駁詰。渠已出堂雇車晉省。茲將馬夫及管理員之稟。先行專馬呈上。驗傷情形。已由三原縣稟報。有此數層。可爲該教習行凶鐵案。即可爲解約之理由。請据理力爭。以順輿情而維學界。

吁、可惡可恨。日人之野蠻橫暴。慘無人禮。乃竟至於斯極耶。噫、可笑可憐。辦理者之外交巽懦庸陋無能乃以解約即爲盡辦理之能事乎然委員仰承上憲意原不必過事苛責惟記者對於此事羣疑滿胸如鯁在喉而有不得不質問奏中大吏及爲監督告者夫外人之來我國也固已藐視一切心目中早不知我國法爲何事然果馭制有法彼輩雖狡詐兇暴當亦斂惡就範亦決不敢首先發難以自貽伊慼惟我有以助長之彼遂肆無忌憚而敢爲所欲爲蓋我國上自政府下至庶民一遇外人則過於尊重而視爲神聖不可侵犯專門媚外者固無論矣即稱爲能員幹吏外交上手者亦不過善揣心意工於敷衍以期人不我咎無事了局而已故往往有一交涉出而過於損失國體辱蔑國權國民若出於反抗非曰碎商即曰通融非曰妥爲辦理即曰時事多艱非曰愼重邦交即曰外交棘手究其實不過逡巡進退於外交塲中而實無絲毫能力可以折服外人者嗚呼此我國數十年來外交所以有失敗而絕未見一度能成功也然則識者謂我國只有外侮而無所謂外交者亦決非過言也至若下焉者一聞洋大人則如談虎色變促促然如轅下駒俯首帖耳惟人馬首是瞻而不敢妄越雷池一步外人與我相處久性情習慣洞若觀火亦深知我

之不敢忤已而吾民之易侮也則敢公然爲惡逞兇殺人行刁即如謝花寬功其在宏道學堂也橫打堂役人等已非一日監督未必不知其非乃不過以此事過小隱忍不言耳（按此即養成驕橫之基）然試問會計員庶務長何人也彼亦兇毆之（按足踢會計員郢秀升事已見去歲海上各報）紙侮辱之乎爲監督者不於斯時準情據理嚴懲重罰使彼不敢復逞即或談判決裂雖退除解約亦無不可乃一聞悔過謝罪之聲則又默然允許「如此次池田清茂有心改悔而委員即以爲初次妄動尚可從權暫留等語」而不知暗中已長其驕橫之氣而伏異日之禍貽此謝花所以此次敢悍然持炮挾刀痛擊馬夫也然則不能防患事前致釀成今日人命大案者此則不能爲爲監督者諱而亦諱無可諱也

至於此事既出矣則宜速講對付之方而最要不可緩者莫若從兩方面並進一宜先將行兇原委詳細情形報告於原薦者使其設法處理若其不能主持公論則告以我國有常刑（此案若在日本則處以年餘監禁若波及性命則處以流監）似此狠毒蠻暴不惟有害兩國邦交亦且有損本國名譽斷不能以退讓了結日人雖欲袒護亦以清議所在公論難逃絕不

敢甘冒大不韙而失我國歡心。況原薦者尚有我國人乎。（按原薦者一係中人。一係日人。）然即使出於袒護解約固自易易我何必先自隱忍退讓斤斤然以解約爲事乎而況謝花之信口誣賴大言嚇人尚不欲解約乎（按此正日人狡詐處。辦理者試深長思之。伊若先許解約。則恐我不以解約爲止耳。不意辦理者竟墮其術中可歎。）試熟思之解約乎抑將不解約而戴此終古乎天下事我退則人進外人之得步進着玩我於股掌之上固係禍由自取然使我主張強硬則解約自易辦到惟我先以解約爲止斯並解約而亦不可得謝花之不允解約豈非其明證乎一則宜由本省撫憲速電學部陳明理由使其與日本公使或文部省交涉謝花係高等師範畢業文部省有直接管理之權尙慮其不能解約乎而亟亟從事於解約者胡爲乎然吾意秦中大吏及爲監督者必曰吾國國勢衰弱無治外法權如此小小問題又釀成國際交涉可奈何夫師直爲壯曲爲老此次其曲全在日人我果據理力爭毫不讓步出以平和之手段文明之舉動何至釀成國際交涉而況區區一教員日人亦決不以此而傷害兩國感情且所謂治外法權者非我治彼也不過我主張強硬彼國亦斷不能以解約爲即足謝我也以上兩條爲辦此案萬不可少之舉即除此以外亦別無所謂良法乃計不出此而先居退讓不權其是非曲直輕重兢兢然按合同第五條曰解約解約似此等解約即爲獨一無二之方法且懼其不能以平和解約豈以外人皆神聖而吾民之性命直草芥不若乎豈以秦中民人膏血故養此異種豺狼以飛食人肉乎不然何首鼠兩端而無策之至於此極耶夫謝花之擾害學生治安紊亂學堂規則蹂躪我國人民弁髦我國國權委員等亦親言之即秦中大吏及爲監督者亦豈不知此後保無此事之發現乎吾省宏道高等師範三學堂幾莫不有日員其將皆使解約乎抑不使解約乎如皆使解約本省所派留學者既未畢業而膺其選者果係何人即使將來畢業者膺選以一省之大他日工業商業農林醫學鐵道法政學堂在所必設以所派數十名學生辦一專門尚不敷用遑論各專門乎以數千金聘一外人何如以數千金而派數名留學生乎（此尚就一年計算）以數萬金聘數外人何如以數萬金派數十名留學生乎然以言及派學生則曰財政艱難庫欵支絀然試平心靜氣思之與其將來聘用外人何若速派學生以爲他日養成多數教員乎且外人之充我教員也半

皆持一金錢主義而所來者率皆一知半解之流所謂名流俊彥者本國尙爭先恐後又焉能爲我所用即使用重金聘來亦決不能以高深學術轉授於我此當在人人意料之中果使移此巨金以派本省學生將來學成歸國事半功倍既可省通譯之煩（按陝西各學堂。於每日員外。尙請有翻譯員。每人每年。亦約在千金內外。）而收效尤倍蓰之且無意外交涉如此次謝花行兇事夫聘用外人之難也則如此派學生之易也則若彼孰利孰弊孰得孰失此不待智者而決矣然吾意秦中大吏必又有辭曰本省所派學生固屬缺乏外省所派者較我爲多他年畢業歸國何妨楚材晉用曰是不然夫以吾國面積之大人民之衆而近年以來學堂萌芽教員缺乏之聲徧於全國無論其未畢業也即使畢業既由本省官費所派亦必先爲本省盡義務然後方可及他省且教員之缺乏各省殆有同感爲本省用尙虞不足焉有餘員爲人用乎且係湘楚蘇浙猶可言也若夫閩粵則必需重譯而其勞殆與聘外人等何如使用本省人之有百利而無一弊乎此則借用客卿之說不可行者其一也如其不使解約乎此次既不能懲一警百爲將來計難保其不互相效尤且日人狡詐性成鑒於我辦理謝花之怯懦將來藉端生事百方要挾如能償其所欲斯亦已矣若其要求過巨而我不能允許勢必老羞成怒而又釀成他變且亦知謝花之兇惡不過以解約而止伊雖橫行解約足矣保非有更甚於謝花所爲乎此則以辦謝花案之失宜而又生出無數波瀾者又其一也夫記者非有惡於官吏監督也亦非深文周內將無生有故想出無數事件以難官吏難監督也誠以外交軟弱處理非法後患將有不可勝言者乃欲作芻蕘之獻冀有以採擇於萬一耳且以吾國各行省幾莫不有日員則足其間後有此事出當以吾秦爲鑒萬勿畏縮柔懦以至於此此則記者所以發言之意也夫

忠告秦中管學諸君子

敝舌

十年前之書院司其事者幾於盡紳官固不欲過問也自書院廢而學堂立官始樂取而代之蓋書院瘠而學堂肥也然人情莫不惡瘠而好肥官既得之則紳欲得之心何遽不如官且邇來地方要政多主官紳共理之說此區區者而不畀之紳烏在其可故紳雖暫失之終必得之者此也然自此而無學之紳且充塞學界矣今天下

言興學者知崇紳而卑官矣自其無益於學務者言之紳與官等吾秦自興學以來置監督於學堂紳之出而任其事者求能去上下隔閡之弊者亦自寥寥或者引朋黨以相標榜也或者抑士類以曲求容也又或者攫金錢以私自潤也官以是求之紳以是應之蓋必如此而後可以消彼此之猜嫌也至於廣敎育培人才收興學之之實効雖望之於十年二十年或數十年之後亦必不可得故日本敎員之歸自吾秦者見吾秦人而語曰秦人無明學務者彼善於此則有之然亦坑席之分耳欲學務之發達無此事也由此觀之吾秦紳界中其自命爲通達而自負爲深明學務者不知凡幾自眼人之眼孔觀之皆以上所言之三者已耳今諸紳中間有以事去者矣繼之者且將有人矣記者於彼此之去來無所措意固然第念燉煌殽函之間士氣不振久矣非望其能鼓之舞之長養之也但不如從前之橫加摧殘則吾鄉無數之青年學子受紳之賜多矣此記者忠告之本意也

陝西礦產之研究（續第三號）

雲　岩

（二）石墨　按商州志、引水經注曰、商州黃水地有墨山。石悉墨。纈彩奮發。黝焉若墨。今按其地在黃州北山。又西荊州亦有石墨洞。土人製爲錠。貨之以牟利。楊升菴曰。古漆書後。皆用石墨以書大戴禮、所謂石墨相著也。漢以後松烟桐煤旣盛此墨遂廢。今幷其名人亦罕知之。汧陽志、引石門遺事云、汧陽石墨洞。產石墨。考之漢尚書令僕承郎日給隃麋墨二枚。或指此。然墨產不類煙。頗粗不堪用。當時或別有製法。浸失其傳耶。潛確類書云、石墨洞產石墨。可書。夷堅志曰、汧陽縣有石墨洞。馬志汧陽東三十里有洞。產石墨。鄉人取之以供筆硯。郿縣志、石墨年例解布政刷曆

按西京雜志所謂隃麋墨。即指以爲石墨。雖覺所據太狹。然松煙始於唐（高麗所貢）法煙始於宋則古人於用墨之途似含天然產物之外無他求者。禮云卜人定

龜史定墨說者謂凡卜者必先以墨敷龜體其所敷者果何等之墨也若謂燃木爲之即當謂之炭煙突所積即當謂之煤謂之炱此三字者古訓既無與墨相通之說即不得指墨爲炭煤炱之類按墨字從黑從土制字之原大概即以其得之地中而名之也依此說則我國石墨之發明不可謂不早不過後失其用耳升菴所言。不謂無見。

石炭西名Graphite字原希臘文Graphein訓書也。與說文墨、書墨也。義恰相合。其元素亦炭素耳。與石炭同質不過炭化程度有淺深耳顧氏亭林謂石炭石墨一物耳。有精麤爾其言甚是石墨之爲物。鐵黑色摸觸如脂易粘染色於紙上。堅度一比重二・二五。結晶爲六角系。常作六角板狀。順其底面剝之。脫然易圮然大半產者多屬非結晶軟質作灰黑色。產地多在最古山系。(無生名系)產狀或若條若葉或夾入岩石內不等。然必在最古片麻岩及雲母岩層中。

按歐洲石墨於十六世紀之中。始發見於蘇格蘭之亢伯蘭地。Cumberland 惟彼有一物。即窮一物之用。故不至貨棄於地。吾中國石墨產地最多。發見最早。而今鉛筆等物、反仰給於外國、誠可恥也、今世界第一製造鉛筆處、爲努尼不爾厄。Nurin-berg 每年所製約二萬五千萬枝。價値八百五四萬馬克。(約合中國四百二十五萬元) 然其石墨則尙由西比利亞及帕蘇 Possau 輸入。吾鄉以本地所產。果得有志者出而爲之。何愁不奪彼利權。而爲吾陜之一大富源也、鉛筆爲石墨所製。而人號爲鉛筆者。緣古時歐人初見石墨。誤認爲鉛。故石墨亦爲墨鉛。Plumbago。我國於石墨鑑別本不謬。而亦謂之鉛筆。則隨人而誤者也。製鉛筆法。以粘土混石墨粉入於型內、而壓固之。卽成。製鉛筆而外、石墨之用。尙可以作鎔金之罐。以其耐火性甚强也。其他汽電等機。用之甚多。

(三)石油　夢溪筆談云。石油燃之如麻。但煙甚濃。所沾幃幕皆黑。試掃其煤作墨。墨光如漆。松墨不及也。本草綱目石油所出不一。陜之鄜州延川延長。自石砦中流出。肥如肉汁。土人以草挹入缶中。墨色頗似淳漆。作雄硫氣。土人多以燃燈。甚明。得水愈熾。甚濃不可入食。又明一統志云石油出延長延川二縣。自石中流出可以燃燈。療瘡。延川志云石油產延川縣地。名石油溝。六月取之可以療瘡又膚施亦產。見延安志。甘肅肅州亦產。見廣輿記。山丹有井十二。見中國礦產志。西安煤油礦脈亘二百餘里。見陳文哲礦物界教科書。

按水經注曰高奴洧水肥可燃。大概即指石油而言。吾國石油發見亦早矣。而今者家家日用。非美孚不可。甚矣自棄其材之可歎也。

石油爲各種炭輕質之混合質。其生成之原大概爲古代動物埋沒地中。以地之壓力及熱之作用而成者也。此等動物。大半以魚類爲多。近人有以魚油用人功製造石油。頗能近似石油之狀。爲黃色有臭氣。輕於水。其初出地中者。與燃燈所用者不同。曰蠟油西名 Naphtha 者是也。採油之法。即用機鑽。以蒸汽動之。鑽入地至石油所在。則其內諸種氣體之漲力。逼油自行湧上。如湧泉然。始出時色有黃褐黑等不定。其臭最惡。以管引至煉油所煉之。

蠟油之內含有各種雜質。其沸度不一。表列之如下。

石油以脫	Peteroleumäther	由四〇度至七〇度
噶蘇林	Gasolia	由七〇度至九〇度

偏蘇以尼　Benzin　由八〇度至一二〇度

擦質油　Putzöl　由一二〇度至一七〇度

燈用油　Brennöl　由一七〇度至三〇〇度

殘質　Rnckotand

惟其沸度各不相同。故可用蒸溜法以煉之。法貯礦油於鐵製蒸溜釜而蒸之。則沸度低諸質。皆早化散而去。餘燈用石油再蒸之。則化散入凝縮器釜內餘者爲殘質而已。此等蒸溜法。名之曰斷續蒸溜法。Fractionierte Destilation

石油以脫、噶蘇林、偏蘇以尼、有熔化松香等質及潔淨衣服之功用。然與空氣混合則易燃而炸裂。故最易生火險。用時切不可近火光。石油若未煉淨。此等易炸之質尙存在內。則亦易召火災。故各國於用石油一事。極爲愼重。凡石油當二十一度近火即生焰者。不許其出售。載於律令。

石油殘質可製塗物油花士令。Vastin（藥名可醫瘇瘡）製法以硫酸消去其內之雜質。復以鈉輕養化去其酸。即得。

（未完）

農學之大要（續第四號）

漏屋

農作物之栽培

凡栽培作物。由耕地播種以至收納。其間施肥料耘耨移植灌溉及收穫後貯藏等事。由於作物之種類而不同。更由風土之異。而其事亦異且年年有新法之發明。漸次改良。故農家不徒依賴舊法乞老農之教須自想良法可也

欲得良好之作物。先須選種子。選種之法不一。最易者。莫如鹽水選即浸種子於鹽水中除浮取沈者也。

播種子時。爲促其發芽之速宜浸於溫度之水（即不寒之水）或爲豫防病害蟲害侵於種。種之溶液（如石灰水、木灰汁、石炭水等）又以人糞、鳥糞、骨灰等混合種子而蒔之。可使初發之芽速於出土。因芽久在土中則出土後終有發育不良之患

播種法有三種。即條播點撒播是也。

條播者。即畫畦而播種者也。畦之距離及方向。須依地勢、氣候、及作物之種類而斟

酌之點播種子一處數粒爲宜因數芽之伸力強則土質粗燥或甫種即遇雨而地面有堅皮者不能妨芽之生出且棄苗時可以擇其佳者而留之

散播者即以手持種而播之也此法宜用於潤濕且土粒細密之地

播種之量不惟因作物之種類而異更因各處之氣候土質而亦不同凡氣候土質佳者較之惡者可稀播之而播之之深淺由於作物之性質種之大小播種時之氣候土質等而斟酌之如菜子可淺種豌豆可深種壚土及雨少時宜深種壤土及雨多時可淺種是也

播種之時寒冷之地比温暖之地宜早一二週此特秋時爲然若春時宜遲一二週尚早種則種子受寒氣不甚發育又瘠薄及高處當風之地秋時須早種爲可

稻蔬菜類煙草等皆先種於苗床後移植於園圃者也苗床中苗之強弱即爲園圃中苗之強弱之基故設置苗床時務保存温度加適當之肥料使苗強健移之之時宜擇曇天且勿損細根

耘耨不但爲除草使不遮光線奪養分及水分又爲防害蟲病菌之巢穴等事且使

土壤柔軟。大氣。水分。（俗云鋤頭有水）溫度之流通。且使根得自由殖繁也。

施肥料於作物生長之時。非但能促其發育。且可防旱潦寒熱。故此時用作物易於吸收之人糞尿、過燐酸、石灰等爲良。

收獲之時。由作物之種類而遲速不同。又同一作物出於栽培之目的。而其期亦異。如求種實者。黃熟時爲可。早則莖中之養分未全集於實中。其品質不良。求葉莖者。於花時以前。收之爲宜。貯藏種子。須擇乾燥而涼冷之所。若種子稍受濕熱。則不可用

禾穀類 屬此類者。爲麥稻玉蜀黍薏苡等。此等物。皆富於澱粉。爲貴重之食料。其藁爲家畜之飼料。又爲製紙造帽子淵繼等之材料。此類多吸收土中之養分。故除稻之外。於同一之地。須交代種菽豆類。以補其養分（菽豆類述之）此云輪作。

稻通常植於水田。又有植於旱田者。別而爲粳及糯之二種。其有早稻中稻晚稻之別。播種時先行鹽水選。即水一斗。鹽七斤許。所造之鹽水。入稻種於其中。再三攪拌。除去浮者。選取沈者而用之。選之之後。又浸於冷水中。約一週間。使多吸收水。分則發芽迅速。

稻所需之肥料甚多。即綠肥、堆肥、人糞尿、魚肥、油粕、過燐酸、石灰等。須配合適宜而用之。

移秧時。須選晴天。正其行列。每株定其數之多少。移後。晝間水宜淺。夜間水宜深。

稻之害蟲。如前期所述。螟、浮塵子、葉卷蟲等。又有萎縮病及稻熱病。欲防此病。宜行鹽水選。山谷流出之冷水勿用。不得已而用之時。宜先導之於水溝。或延長水之流路。使受溫度。又用肥料。不可過度。刈取時。以全黃時為宜。過此則米質粗惡矣。

麥　麥類無論如何氣候土質。皆易於生育。然大麥裸麥、(俗名露仁麥)適於輕鬆之壤。小麥稍適於粘重之土。

種麥之先。須行選種及豫防之法。大麥之選種。與稻同。小麥及裸麥之選種。宜用苦鹽汁。豫防黑穗之法。將已選之種子。六時間浸於井水後。再浸於華氏百三十度之溫湯為最善。

種之之先。施肥與稻同。行補肥時。(俗云糞青)於寒中為宜。不可過遲。其病害有黑穗病、葉銹病、(鹽水選種法可除此患)萎黃病等。害蟲金龜子、叩頭蟲之幼蟲為主。

豆莢類　屬此類者。爲大豆、小豆、豇豆、蠶豆等。其種子皆富於滋養分。其根瘤中。由於生活之菌之作用。而有吸收空中之游離窒素之特能。故不但不如他之作物。消耗土中之窒素養分。反有加此於土中之效。故刈豆時。留其根於土中。可成好肥料。

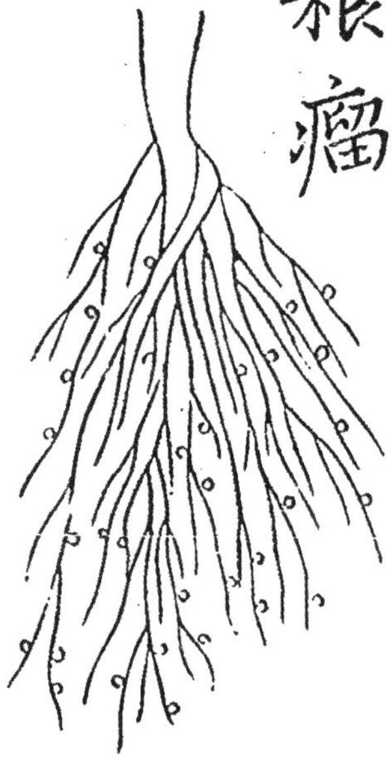

此作物若永種於同一之地。則發育漸次不良。故每年須易地而種之可也。

大豆　土壤過肥。則此物莖葉徒繁茂。結實之事少。其所宜之肥料。爲堆肥與灰。

莢菜類　屬此類者爲萊菔、蕪菁、牛蒡、芋、葱、芊菜、甘藍、黃瓜、南瓜等。皆富於水分。而有助消化之效。此類中有需根者。名根菜類。其根貯養分。供翌年開花結實之用。其所宜之肥料。爲人糞尿、堆肥、糠、過燐酸、石灰等。又有需其莖葉者。云葉菜類。其肥料爲多含窒素分者。又有欲得其果實者。云果菜類。此類中有雄雌蕊不同在一花。須待昆蟲之媒介。花粉始能授受而結實。如瓜類是也。蜂採花粉時。傳雄花粉於雌花。而雌花遂感之而生孕。故蟲類少時。須以人力助之。

萊菔　此物所宜之肥料。爲堆肥。人糞糠等。生長中。尚須二三次施稀薄之人糞。其害蟲。爲油蟲切根蟲。

甘藷芋　此物之肥料。爲堆肥人糞、灰、過燐酸石灰等。其蔓。須時反轉。不然則由節生根。枝葉繁茂。而收量減少。芋宜於寒地。諸種之大者。可切半。而於切口。塗灰種之。

茄　此物之病。爲立枯病。其害蟲。與萊菔同。肥料宜油泊、灰、過燐酸石灰、人糞、堆肥、等。

工藝作物類

此作物爲草綿、大麻、楮三椏、雲臺、藍、甘蔗、茶、煙草等。皆爲工藝製造之原料。而輸出於他國。因又名貿易作物。其栽培雖多需工夫、費用、注意、熟練等事。然其生產物之價高。故所得之利益多。且爲工業之材料。故不可不敏勉從事。此作物。由其需要之物質。別而爲纖維料類、油蠟料類。糖料類、染料類、嗜好類、藥料類澱粉類。

纖維料類者。爲由莖或根取纖維者。如草綿大麻之纖維。爲織物之料。楮三椏爲製紙之料。

油蠟料類者。由其種實取油蠟之植物也。如蕓薹、胡麻、荏、櫨、漆等是。蕓薹之肥料。宜人糞、堆肥、油粕、過燐酸石灰。

糖料類之作物。爲甘蔗、蘆粟、糖菜等。甘蔗之肥料。以油粕、灰、過燐酸石灰爲良。若富於窒素且含食鹽多之肥料（如人糞尿）生結晶糖之事少。故不宜。

染料類之作物。爲蓼藍、琉球藍、印度藍、紅藍、茜草、鬱草、青茅等。蓼藍之肥料。麻油粕爲宜。播種之時。須以水浸種。混灰而播之。現今化學發達。此作物幾處於無用之地。

嗜好料類。如煙草、茶等。爲人所嗜好之作物。實商戰之一重要品也。煙草之肥料。宜用油粕、米糠等含食鹽多之肥料。食時發惡臭。故不宜。用茶之肥料。爲人糞、堆肥、油粕。每年數回於其根之周邊施之。則樹茂而茶味亦濃。發芽之際。以簀蔽茶園遮日光。又每年剪枝整理樹姿。如此可得玉露之上品。

桑之植地。宜高燥而便於排水之處。或疎鬆之灘地。濕地不宜於生育。易罹病害。此樹極易繁殖。壓枝條於土中。即由其枝生根可切而植之。其樹亦易發生。凡植桑須取其葉色沃而肥厚者則桑繁茂而蠶之生育及作繭遂良每年冬季擇其枝之宜剪者而剪之不然則樹之精液盡趨於梢有葉稀而小且薄之患每年冬初掘穴於其根際。入堆於其中。來春發芽以前。用骨粉、胡麻油粕、米糖、人糞尿乾鰮等使發芽之力强健。刈取枝葉過度則有萎縮病之虞故伐條採葉之時期度數不可不注意

牧草類　牧草之類甚多。野豌豆、雀麥、胡枝子紫雲英、苜蓿、在西洋尚有多數之種粕。而胡枝子、紫雲英。尤富於滋養分。

牧草亦宜施肥料。冬期須灌漑。既可溫地。免於凍死。且可吸收水中所含之養分。刈取時宜於開花之始因此時其莖葉多含養分叉易消化過此則養分移於子實且莖堅硬難於消化牛馬食之易生病害

果樹類　果亦爲農家之副產可以救生活之困難亦爲輸出之品物（天津之桃每年販鬻於日本者甚多）故農家不可不能勉力栽培此物以謀利益。

果樹由種子生成者。往往有惡變之虞。且或不繁殖。欲免此患。則宜用接木、揷木、切

枝、及根分之法。

接木法者。取他樹之枝或芽。接合於一樹之幹或枝者也。以銳利之小刃。削木面使成平滑。可相密着。其接穗用芽者。云芽接。用枝者。云枝接。而枝接又有割接合接剝皮接之別。

挿木法者。即切果樹之枝。挿入土中。使生根之法也。

切枝法者。由近於地面之枝。橫於土中。由枝發根。後切取而植之之法。

根分法者。由根生枝者。深切而植之者也。

移植果樹時。混和糞土於所掘之穴底。配置苗木之根於其上。覆土後。極力鎮壓。以防風動。此後則永勿顧慮。但時注以水而已。

果樹培養過度。枝葉徒繁茂而少結實。故施肥料須斟酌其多少。其所宜之肥料。爲堆肥、草肥、糠、油粕、魚肥、骨肥等。於其根之少距離處。堀輪穴。施肥於其中。又任其自然生長。亦少結實而品質且不良。故於落葉後。或春季發芽前。適宜剪其枝梢。或偃曲之。又春夏之際。摘除無用之芽或過多之蕾。以謀果實之繁殖貯藏果實。宜於稍未熟時採取之。所藏之處。須淸潔而溫度少變化爲宜。又擇無損者。各不相觸。置於穀殼之內。或各個以濾紙包之。如此可久藏。且能運於遠方。（吾陝之佳果良多特以鐵路不通販運維難故銷路不暢而價亦不良）

果實之主要者。爲苹果、梨、桃、柑橘類、葡萄等。苹果不適於暖地。其害蟲。有綿蟲、蛄蝲天牛等。欲使繁殖宜以西洋種接本國之苗木（西洋種多最佳）每年初春剪無用之枝而結果之枝亦切縮其末端

梨、好氣候溫暖。適於砂壤土。亦宜取良種而接之。要除直上之枝專養成可結實者欲得佳梨宜用作棚法。即平配布枝於棚上。使空氣日光自由透過果實極發育之後。以油紙濾紙包之。豫防蟲之侵害。

桃之性。亦與梨同。但新生之枝結實。已結實之枝。歸於無用。故結實之枝。多在末端。因此而樹之全體。有漸次衰弱之患。故將芽發時。嚴剪其枝接於本幹之芽近切之可也。此樹多含油脂。爲此常蒙害。宜縱割其皮至根部。使鬱積之脂漏出而樹可繁茂。

柑橘類。亦好暖地。冬時以藁類被之。結實處與桃同。故須留意於剪枝之事。害蟲有貝殼蟲、蠶蟲。又有黑黴病之患。

葡萄適於溫暖而日光佳之礫壤土。宜用插木及切枝之法。以使繁殖。剪枝之事。亦爲最宜注意者也。

森林學概論（續第四號）

陳　生

第四節森林與人間接之效用

（二）森林與洪水之關係。　我國近年。水災頻繁。實屬可驚。往歲湖南、江西、廣東三省水災稻穀田禾。摧掃殆盡。去年湖北河南。又遭洪水。毀壞道路。漂流家屋人畜。報章所載。慘不忍聞。我國民方且嬉笑遊戲。否則醉夢方酣。不思防禦之策。即或有之。亦莫究其病在何處。誠可悲矣。曷觀森林與洪水之關係。日本自維新以來。水患滋甚。蓋整頓交通機關。改良土地。擴張住居。直接間接。皆足以致洪水之氾濫。中如延長鐵道。開鑿山脈。疏通河工。所積穢滓。偶遇大雨挾流而去。注之於河。水量增高。速力增大冲提破閘誠意中事推其源。由三十年來建築事繁需材孔多無制採伐山林遂空無以維繫水源之故蓋由日本地勢多山平原罕覯故水源與森林有惟一之關係第一四面環海雨日較多梅雨之際一日有達二三百密里米度者此等坡坂之地苟無林木枝葉與落葉蘚苔以遏其鋒則倏忽之間集合衆流自山腹奔騰而下無論疎鬆砂土剝刮即號稱岩石未有不爲轉移者而軟化雲母等石遇即崩化又無論矣斯時水勢稍緩所携泥塗隨勢沈澱相積既久河底愈高氾濫愈甚若近林地則全雨量四分之一爲枝葉所吸收其餘四分之三尙不能直接落地爲落葉蘚苔所障阻及落地後又有蜿蜒支根殺其猛力故德國某學者云。松葉能含本容量五倍之水其餘雜木及蘚苔等各能含本容量之七倍（即三尺三寸立方体積之蘚苔能含一石五斗四升）水使初雨之際水量少含塵砂逢種種之障礙濾過淨盡浸潤於地沿岩石層灘於一處從山腹或谿間湧出是之謂泉既不能剝去地皮自乏中流沈澱之弊又德國學者且概爾滿氏云。彼國某水源地自植林後洪水約減百分之五十五。十八世紀法國革命時代。阿爾奔山之森林。一時伐傾。木害繁興。民不安居。法政府探知其故。

銳意作林施以土木諸工萬畝荒山悉樹爲林水勢頓殺即如日本湊川河因土砂擁積河床增高築鐵道時橋梁遂無所用卒之鑿隧道於河床之下又據工程師德開普譯氏之調査淀川河三百年間河床增高平均達十二尺其影響誠可恐駭觀以上諸節有森林其利如此無森林其害如彼倘不急起直追圖謀改良則患貽胡底不僅水源崩壞而良田亦將隨洪水而盡矣

(三)森林與水源之貯蓄　前述森林與濕氣及雨量有密接之關係蓋林木以有枝葉遮蔽地面不受太陽光線及風拂盪之力遂失蒸發作用今取種種林地與農地所含水量比較之則每降雨百分中其差如左

山毛櫸林	五九・六	農地	九七
唐檜林	五四・七		
赤松林	五八・二		

觀此則山毛櫸林等地較農地所殘水分約多六倍且山嶽森林均有增加雨量之作用依某學者調査云雨量四分之一爲枝葉所吸收其餘浸潤地中而爲河源職

此、故落葉蘚苔與水源涵養有最大效力。如前所述。深林遇雨水滴先及枝葉後達地面又爲落葉蘚苔所濾過然後浸漬於地及其出也即成滾滾不盡之水源故欲水源不絕種樹其良法乎然森林雖同有貯蓄水源作用而不無多寡之分取其宜於濕地而富庇陰之力者則以刺柏赤松杉山毛櫸胡桃、澤胡桃等爲最其他尚有防風防砂之效用第(一)砂地經風播盪易於轉移飛揚迷失道路損壞田禾種之以樹支根蔓延足以互相維持且樹下陽光鮮通濕氣藉以常保而生落葉蘇苔起風時少砂土賴以安定第(二)雖遇暴風爲林木所障蔽其拂盪之力多在枝葉交錯之間互相推移不能全力觸地故法國將古昔無用之海岸砂地悉植以樹苦心經營迄今不惟無砂粱倒徙之害且成廣大森林每年產額甚巨又林地空氣常新所含細菌比例最少羅馬市附近之都萊衡且地方瘧疫最夥自植柚可利普譯樹以後經二十餘年遂絕其跡又巴依葉隆國之開爾美斯紇依莫地方夏季多熱病後講防禦之策於墓塋等空濶之地多植樹木病勢頓殺三四年後患者較昔約減三分之一至二十年殆絕無焉其他間接於人如防頹雪助魚類之蕃息皆功效最著

者也而況靈禽奇獸仙草異花應時生殖課餘之際遊而玩之其默感於精神者又幾何也

第五節樹種陰陽之辨

樹有陰陽之分陰樹者不受日光之化育而能生成者也陽樹反是然此不過以受日光力之強弱從便宜上區別之爲比較的非絕對的名詞也蓋凡高等植物不受日光普育乏生成之能力故同一陽樹植於山陽較植於山陰者暢茂條達堅固殊常生於沃土較生於瘠土者堪支庇陰成材亦易其關係於地質年齡及氣候土壤之故而生成不無少變今總括之凡落葉者皆陽性故落葉松黑松赤松欅杉等主之當綠者多陰性故羅漢栢金松櫟檜樅年松楠櫟等主之要之此等區別特爲造林及園藝者之圭臬使造林而不先甄別陰陽則雖盡日徬徨如何培養終歸楛死無效可收至於甄別之法其緊要約有數端(一)陰樹多受老樹庇陰而能成長者(二)陰樹比陽樹枝葉較多特下層枝葉易於楛乾(三)陰樹之葉多有避日之狀故稍頭多向北方(四)陰樹當幼稚時代生長極緩由此數端則陰陽之辨曉然而又因其

地之所宜施以適當之法自不失敗也

第六節森林帶

(一)森林與地帶之關係　地有四帶之分者。以各帶所處位置不同。距日有遠近之差。故與位置相應者。雨暘、生物、氣候。各有遲速寒熱之異。植物本無所爲帶。附屬於地。即以地帶爲帶。故凡一國。領土佔地帶愈多。則林種亦必愈夥。日本國土雖小。然形狀若弓。跨熱暖溫寒四帶。樹種之多。爲各國所罕有。今特分析言之。自臺灣經琉球本州。至北海道千島等處。所植之林。花葉皮色。生斂季節。類皆相異。又如登富士山。自下而上。達於山頂。沿途所見。灌木喬木蘚苔地衣。叢隆楛瘠。概不能齊。蓋因位置有南北(水平的森林帶)高低(垂直的森林帶)之別。而樹木生長之範圍。恆有一定。(一)熱帶林自琉球南半部至臺灣。(當吾國福建廣東廣西及雲南南半部等位置)爲垂直的森林帶南半部約低海面二千尺。北半約低一千尺。地勢瀕海。生成爲榕林檎龍眼茘子檳榔芭蕉等。(二)暖帶林自琉球中央至本州北半部。(我浙江江蘇安徽江西湖北湖南四川貴州及雲南半部)此帶初爲常綠濶葉之椎類林所占有。後因人口繁殖。採伐無限。加以開墾。此類森林遂絕。其跡蓋當綠濶葉種。自來乏爭勝力。經野火濫伐之餘。種類遂絕。襲其土者。爲椚等之落葉樹。而此種又不能持久。摧殘之際。土地荒蕪。生殖力薄。遂來黑松赤松。繁蔭植息。佔領其地。故現此帶。黑松赤松最多。非古代元有。可推知也。(三)溫帶林自本州北部至北海道西南部。爲此帶領土。（當我山西陝西河南山東直隷甘肅數省地）所生植者。椈樹最多。故又名椈帶。其他如栬、橡、大柚、水楢、椿等之落葉寬葉樹。與各地方所有樅、檜、栂、樅等之針狀葉樹。此等木材。端直剛勁。富支持力。建築之良材也。而此帶獨有之。(四)寒帶林自北海島東北部以北。至千島屬此帶。（當滿蒙地方）所有諸林。天然較多。如組松、梧桐、椵松等。皆未嘗施以人工。亦無大作用。雖然統全國而論。若臺灣之新高山一萬五千尺以上。四國之石槌山劒山等。六千尺以上。本州之富士山。六千尺乃至八千尺以上。與北海道之北部。準以平地。均屬此帶。他若丘陵崗巒。他種灌木。叢薩暢茂。固屬不少。然一經野火。或洪水積雪等。摧殘之後。轉瞬即成山。而榛栫生矣。由此又可變爲柏與大柚蓋愈北地愈寒冷。植物生成大不適宜。其容易變化有固然者。要之、日本跨四帶之森林其樹種之多。除臺灣樺太外。舊有者六百餘種。暖溫二帶佔地最多。天然人工亦各適宜況當戰後經營實業之際其在上也有林業經費之設及林務研究所與森林學堂其在下也各郡縣有林業工司及森林研究所加以各種新聞特別提倡其進步發達何可限量我國領土大數十倍所跨地帶付不相讓況地勢平衍生成自易苟欲爲林其難易於彼不可以道里計地勢得矣所厚望者專在人力

（未完）

石油工業之一斑

岩言

現世紀之生物界即來世紀之岩石界而前生代之岩石界適以供今生代生物界之用此地相之所以形成英變而天演之所以階進不已者歟惟能循此綴數用以造出世界之進化不然則生於地表者營養之資料缺相食相滅相戕賊而生物界以窮含於地中者消化之作用廢爲强熱爲高壓地崩山頹而若生界亦壞此地球將復爲半氣體半液體之物火流石飛得毋與其他諸行星類似也今歐西各國進理想之文明爲物質之文明以工商之戰爭代鐵血

之戰爭學術日新政策日奇而競爭亦日烈矣伊何之力其取資於岩石界者豈淺鮮耶其要唯何。曰德之鐵（德產亦鐵最多、其鍊鋼尤爲世界第一、）英之煤而美之石油爲天下冠。（現世石油業、以美爲最盛、其次莫如俄、按最近之調查、美國一年產油四千八百萬石以上、俄國一年產油三千三百萬石以上、）按石油之發熱性最強而殘滓甚少不特爲工業上必要之物以之供燈燭代薪炭實日用間不可少之品也我國人愛其力故地亦愛其寶西人豔稱之爲富源其眦睨而覬覦者久矣不早爲謀後將何及吾陝脈演崑崙益富礦物其他金屬岩石等棄置於山谷間而莫或顧問者無論矣延長油田業已開採數年。據前次分析謂元質出於美油之上而迄今毫無成效者何耶。誠以陝人之講礦物學者實少舉凡相地質辨層系精分析悉委之於工技師（係聘用日本人。）之手。則油脈之有無油質之美惡自不得不聽彼之黑白此他人之所以垂涎而生心者也（聞該技師有欲人股合辦之言云、）而數年來無成効者値是之故亦可斷言矣願鄉人其好自爲之毋令他人染指焉吾久欲從事於岩石間以數我家珍。奈學無所成。徒作宿願。茲將關於石油業之顚末。彙譯一二。以供吾鄉父老子弟之研究。亦聊以作鄉人工是業者之參考物云爾。

第一章

(一) 油之存在及其層系

地質學上、時代之大別。爲太古代。古生代。中生代。及新生代。新生代復分爲第三紀。及第四紀。於第三紀生成之地質爲第三紀層。石油礦脈常存在於水成岩層。(Sedimentary rock) 此層雖不限於地質之時代。而爲普通之岩成物。然其含有石油者。亦不無少別。如北美洲之印達那及窩麻瓦等處。由石灰岩層發出之天然瓦斯。則屬於古生代之士留利亞系。(Silurian System) 濱士路瓦尼亞、及窩哈約之油田。則屬於古生代之泥盆系。(Devonian System) 西瓦芝泥亞州之油源。屬於古生代之煤炭系。(Carboniferous System) 俄之吧啶美之墨西歐洲之希臘羅馬及亞洲之日本。緬甸等處之油田。則皆屬於新生代之第三紀。(Tertiary System) 雖然。即以日本之地質而論。第三紀之地層甚廣。亦不盡含有石油。是石油之存在宜視其化石 (Fossil) 之成分與層系 (System of strata) 之構造如何。決不得以地質之時代規定也按日本第三紀層所遇之岩石及現今開採之油田多屬水成岩層吾陝油田屬何層系現未調查詳悉特將水成岩層岩石之種類略述如次以備參考水成岩之生成全由水之作用故名蓋地面上種種物質分解破碎後有因水之溶解而沈積於水中者有因水之流送而堆積於陸上者爲時既久而復結晶焉前者謂之化學的沈澱 (Chemiscal deposit) 後者謂之機械的沈澱 (Mechanicald eposit)

(甲) 化學的沈澱物

(一)石膏(Gypsum)水中溶解之硫酸加爾休謨(即硫酸石灰)(SO_4Ca)因水分蒸發而生成者結晶狀纖維狀鱗狀粒狀等之集合體也硬度二色純白其含混合物者帶赤褐黃等色硬度大者(三乃至三·五)爲硬石膏(Ankydrite)層理不明有淡紅淡白淡藍等色(二)岩鹽(Rocksalt)多與石膏脈相接薄片狀或纖維狀水溶液有鹹味食鹽之聚合物也原無色其與粘土等混合者則帶紅灰綠等色(三)石灰岩(Limestone)全體由方解石(Calcite)之分子而成岩石中之最緻密者也

色有白灰黃赤褐等。純白者一名大理石。(Statuary marble) 注以酸液。即時沸騰。與他岩石最易區別。(四) 泥灰岩 (Marl) 石灰岩及白雲岩 (Dolomite) 之粘土與炭酸加爾休謨 (CO_3Ca) 化合而成多灰色者。硬度三以下。(五) 壚坶 (Loom) 粘土與石英砂雲母片之集合物。含少量之水酸化銕 $\{(HO)_2Fe\}$ or $\{(HO)_3Fe\}$

(乙)機械的沈澱物

(一) 粘板岩 (Clay slate) 由泥土之沈澱固結而成。日本越後地方所謂粘土盤。狐石。堅石等者。皆此類也。性質脆弱。易崩壞。破面爲波狀。色黑黃褐等。爲油層上最良好之被覆物。蓋可以防油氣之揮發。其下每多含油質云。(二) 礫岩 (Conglomerate) 砂利。(即砂石) 之固結物日本謂之子持石。其有稜角者、一名角礫岩。(三) 泥板岩又名頁岩。(Shale) 粘板岩之稍軟者。板面不平。多灰色。含炭酸加爾休謨者可變形爲石灰岩。(四) 泥灰岩即石灰岩之不含炭酸者。色狀同石灰岩。(五) 粘土 (Clay) 細微之粒子所成。含石英及其他物質。色分白灰褐黃數種。乾燥後置小塊於舌脣間。即固着不易解。其吸收水分之性最强故也。有耐火作用。即以强熱度。亦不能融解。故一名耐火粘土。此種多發見於石炭床下。(六)凝灰石(Volcanic tuff)火山噴出之灰砂等物堆積地面時或受壓力而滯入水中固結之爲凝灰岩。其成分多灰質。故名。風化力甚速。日本第三紀層中各處皆含此岩。亦古昔多火山之一徵也。多見於泥板岩及石灰岩之中間者。(七)砂岩(Sandstone) 砂及諸種之膠着物固結而成。有耐力作用。可受極大之壓力。其膠着物有炭酸石灰。粘土。酸化錳硅酸(SiO_2)數種。由酸化鐵及硅酸膠着而成者。其耐水耐火之作用亦甚强。普通分硬砂岩軟砂岩二種。

油量之多寡與岩石形狀之關係　日本油田地盤。多如海岸之濱沙狀。油即含於砂粒間之空隙中。故砂粒麤大之地。空隙多而含油之量亦多。然空隙過大則油氣易於發散。時或於砂粒粗大之地而反不含油者即是故也。各處油田謂有含油於頁岩中者。是非含於層間之空處。實含於不規則之混合砂中也。若含於層間之空處。其出油必不能永續。且含油之量不但因砂粒之麤細而判別。與層幅之厚薄亦

大有關係砂層厚則含油之面積大而油量之多不待言矣故含油砂層之砂粒宜粗而層幅宜厚

油量之多寡與地層構造之關係　同一地層而油層之深淺不同同一油層而油量之多寡不同此其故於地層構造（即地層之位置）上有直接之關係也更掘油井時所不可不注意者現今講此學理者有如華伊脫氏之背斜 (Anticlinal) 說此說甚行於美國按地層之構造有傾斜層 (Inclind strota) 如第一圖 (A) (B) (C) 爲含水質岩層與緻密不透質岩層重疊構造之地質若於此地質上掘一普通之水井則宜擇其向中心傾斜之位置如圖 (D) (E) (F) 即所謂向斜層 (Synclinal) 是也於此等處各掘一井則愈近斜層之底者其噴出之水愈高此乃地質

第一圖

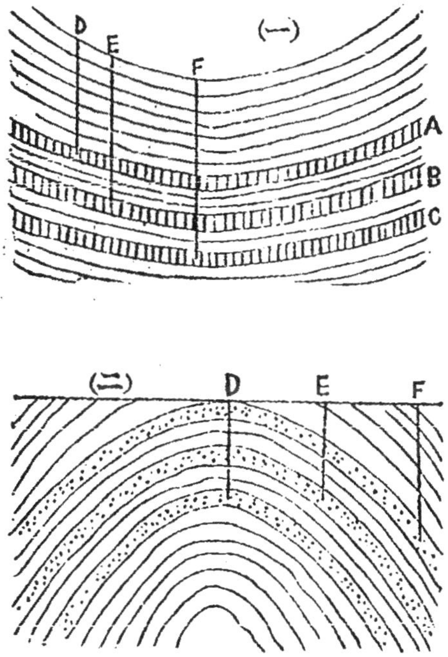

學上之通則而掘油井則適與之相反如第二圖、若（A）（B）（C）爲含油砂層。則於地脊兩邊稍下之處含油量最多蓋水之常滯積於向斜層底。也其理甚明而石油之比重輕於水以故不下沈而上浮此華伊脫氏所以倡背斜之學說也據亞美利

第二圖

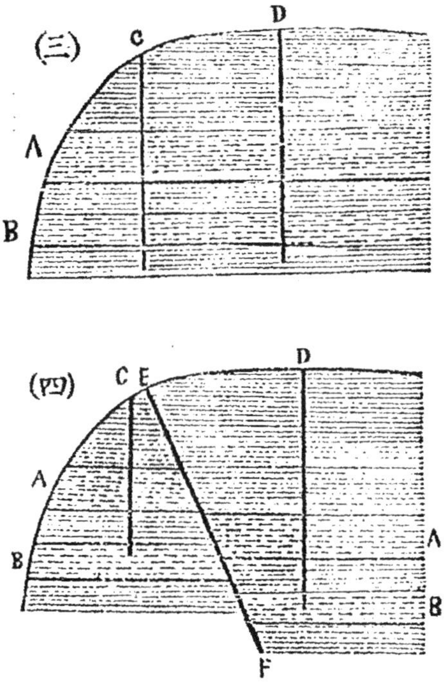

加天然瓦斯及石油鹽水等產出地之實況調查。謂於距背斜層之頂點傾斜最下之處掘井。常有鹽水湧出。若掘井於同層之中部。則可得石油。若掘井於此背斜層之頂點。時或有天然瓦斯噴出云。此可爲華氏學說之實驗的證明。但吾陝油田地層之構造。不知屬何位置。此背斜說之適宜與否。尚待調查焉。

且如日本之第三紀地層。斷層頗多。爲坑業者所苦。如第三圖、其地質之構造爲平面層。Stratifed plane（A）（B）爲含油砂層。則掘井於（C）（D）兩處。其達於油層也

當無淺深之差倘於(C)(D)之間有一斷層 Fault 之裂罅如第四圖(E)(F)則(C)(D)二井之達於油層不特分淺深之差其裂罅若交通於地之表面則(A)(B)間原含之油質早因空氣流通而揮發殆盡(C)(D)二井雖達於含油層而必不能得多量之油或全不得油者亦有之若地油雖有斷層而其裂罅未及於地表者則(A)(B)層之油多滯積於斷層(E)(F)之空間掘井於此自有多量之油湧出也夫地面之水常由地上之罅隙而浸入於地中水分浸入則油質必被驅出（油質之比重輕於水故）淺井之油量常較少於深井者其水與空氣之作用使然歟

（未完）

甲乙兩編　學海　每月發刊

兵戰不如商戰商戰不如學戰處今日鬪智之時代靡不巧擲周流精心冥造以求濬瀹智識震撼文明倘欲墨守陳遺封固故步而犄角於二十世紀其不歸於劣敗者尠矣歐風東漸時局阽危海內同胞咸懷睽懼斷斷焉以攻究科學爲上策然新機乍萌苦迷津逮此揚子所謂熒魂曠枯精爭曠沈擿埴索塗冥行而已者也

本社有慨於此以紹介世界學說發揚祖國新知爲宗旨。渙號同志。共輯斯編。概曰學海。分甲乙二冊。文法政商隸於甲。理工農醫隸於乙。說理樸實選詞雅馴世之游志科學攖心世局者亮以先睹爲快也

每冊銀圓三角　全年三圓　半年一元六角

日本東京本鄉西須賀町九番地

北京大學留日學生編譯社啓

定期出版

!!!學海之特色!!!

本社所出學海綜其內容計有六種**一學說二叢譚**（皆係分科編譯唯篇幅有長短之分）**三附錄**（如小說詩文等類皆以編譯爲主）**四提要**（係就海內外新出書報擇尤提要）**五調查**（吾國年來派人來東調查一切然其所得皆未能公諸國民本報特設此門藉補其闕）**六紹介**（此係對日本商工業界及我國之與日本商工業界有關係者而言）雖每號不能備載然必載有三種以上是爲學海特色購閱諸君幸留意焉

雲南雜誌社週年紀念特別大贈彩定購全年劵發行廣告

凡定購雲南雜誌全年或漢譯法人必取雲南之原因及其方法豫約劵一分抑或中外日報神州日報時事畫報各全年一分滇話武學雜誌英語學雜誌國報四川河南夏聲農桑學海粵西晉乘江西各雜誌全年二分除須給訂報收條照數寄報外並立呈開彩番號票一枚開彩後得向本社或訂購處領取所中彩金 假定發行總數定購全年劵二萬分總彩金額一萬元（數增則增數減則減）頭彩五百元（一支）二彩百元（三支）三彩五十元（十五支）四彩五元（百五十支）五彩一元（千支）六彩五角（二千五百支）七彩紀念增刊滇粹一大冊（每冊價值三角一分計一萬六千三百三十一支）無一人一票落空 截止期限東京中歷六月廿日中國各地遠處五月廿近處六日初十 開彩日期 中歷六月二十九日 開彩地 東京錦輝館 發行處除本社及支社外中國日本共百餘處山西省城晉新書社山西省城公益書局上海中外日報館均代派（無代派處可用一枚一分之郵票拄十加一向本社定購除寄報外當立將開彩之番號票郵呈） 本社此舉於內務省繳有相當之保證金且開票時須請讀者諸君及各報代表者蒞臨最爲確實至本社代派報若干所訂間內廢刊本社負有償還之責任價目不增人人中彩較之購彩票者利益何如期限甚短少縱即逝詳章見本報第十二號祈賜覽本社之犧牲絕大資本以創辦此舉者乃欲愈行推廣本報於本省及各省以達救亡之圓滿目的並紹介內外各大報於一般社會共收文明之結果區區苦心諒爲諸君所共鑒此佈

東京神田駿河臺西紅梅町六番地

雲南雜誌社

（電話本局二千四百二十三番）

四川雜誌廣告

登峨嵋之巔以瞰中國西南半壁六詔危兩藏失蜀之形勢險殆極矣而地闊邊陲民智錮蔽釜魚幕燕其樂方酣本社同志悲焉傷之爰組織斯報以餉邦人其主義在輸入世界文明研究地方自治經營藏衛領土開拓路鑛利源就此等問題切實發揮和平鼓吹使我蜀國同胞起作神州砥柱噫秋色蒼茫海天萬里云誰之思西方美人我七千萬伯叔昆弟諸姑姊妹其亦將聞風而起乎第三冊現已出版

每月一冊每冊二角訂半年者一元一角全年二元

郵費另加

日本東京牛込區市ヶ谷佐內坂町三十四番地

四川雜誌社啓

粵西雜誌社廣告

瘴霧亘天腥妖載道吳牛喘月代馬銜霜尼澄心以默照佛慧眼以靜觀覺大千世界之中尚有常在畏途而未登坦道者故園回首望誰孽海作慈航客劍悲鳴忍觸鄉關來越寇天良未泯義憤橫胸海外徜徉計將焉出同人等乃於去冬創辦此報按月發行雄雞一聲天下自因蒙鄉人父老之所歡迎抑亦中原大雅之所認賞也珠江浪激翻成民族潮流桂嶺苔痕怒發文明溢彩是觀其後焉請自購閱始

東京神田區猿樂町二番地

粵西雜誌社白

東亞月報廣告

本報爲日本獨一無二之漢字雜誌其宗旨之廣大議論之精純卓乎流俗之上又兼博採列國與情遠溯古朝歷史以振聵啓聾洵東方之木鐸哉我華韓諸先輩苟欲通知當世之大勢眷念人道之不滅有仔肩振作東亞大局者誠不可不人手一册以資研究之料也

全年十二册定價日金二圓四十錢

半年六册定價日金一圓三十錢

日本東京牛込區中町二十番地

東亞月報編輯局謹啓

關隴雜誌廣告（第三期已出）

關隴為西北鎖鑰。天然占優勝之形勢。其存亡得喪。在歷史上地理上。罔不與神州全局有絕大之關係。況自俄人受挫遼陽後。廻風西轉。撼我崑崙西北急警。日緊一日。本社同人。既切桑梓之危。復深祖國之痛。爰自忘其愚。矢移山志。組織斯報。專以提倡愛國精神。濬淪普通智識為宗旨。其於强俄在西蒙回疆之舉動。及關隴與吾國全局關係之點。尤特別注意。發揮靡遺。凡留心西北情勢者。幸亟覽焉。

日本東京麴町區飯田町五ノ三六

關隴雜誌社啓

江西雜誌廣告

莊周有言。泉涸則魚相呴以沫。而相忘於江湖。故鳥之將死。其鳴哀。心所謂危。必以告。本社同人。慨故鄉之不競。傷來日之大難。願同長吉之嘔心肝。不避孫卿之譏口耳。刺取所學。組一雜誌。顏曰江西。專以導引文明。濬發民智。鼓吹地方自治。圖謀社會公益。嗟夫、歐風東捲。國步艱危。江西處揚子江流域。潮流震盪日益劇烈。而日本朝報聲言欲括諸州權利。南潯軌線延緩。徒勞數載。工程渺渺。章門沉沉。黑獄廬山。黯其無色。贛水咽而失聲。於人曰浩然。安得文山之氣。問天其何。愬太息若士之詞。言之不文。惟以告哀。邦人諸友。其或有取於斯。

江西雜誌社啓

文藝

剩果詞話

神州舊主撰

予創辦神州報時。延篤生主持筆政。神州報之在海內稍有聲價。篤生與有力焉。自被火後。予力不能支。遂讓其事。篤生恒鬱鬱不樂。每見予必曰近日詞有進步否。予舉所作望海潮末句。剩得歌殘酒醉獨自哭神州二句對之。篤生曰。我亦爲之哭也今歲篤生隨劉禮卿作歐州之遊。予送踏莎行二首。其一云。結好河山連宵風雨神州。霸業。灑誰主。共憐憔悴盡中年。那堪飄泊成孤旅　故國茫茫。夕陽如許。杜鵑聲裏。人西去。殘山賸水莫回頭。淚痕休洒分離處。近得篤生自香港郵書曰。神州事不忍回頭。至歐州時當爲公和之。

晉邑孩豹人（抜蔚）先生。生鼎革之交。初散家財結里中少年抗李自成。適天陰日黑。失足墮土坑中。追者垂及。以術自脫。走廣陵學賈致大富。自遭國變後。肆志詩歌。與江湖諸名士唱和。即漁洋所謂科頭箕踞一先生也晚年適逢開博學鴻詞科。以達官薦。不得已。詣吏部。以老病辭。部謂其未老。後部中又驗視年老者將授官。先生復以未老辭。並援部臣前語抗辯甚爲激切後卒辭歸。先生所著有溉堂詩集數十卷。詩餘二卷。陳其年叙其集。謂思鄉土而懷宗國若盲者不忘視痿人不忘起誠知先生者也溉堂集版後燬於火。故人見者甚少然詩經各家選者有之而詞則選者寥寥。今擇錄數首如下。題焦山僧房採桑子云老僧頭白焦山頂不管興亡安穩禪床臥對江南古戰場　客來坐久渾無語飯熟茶香舊路茫茫水打空船月照廊客京中秦樓月云。情誰訴青彩破帽悽惶路悽惶路荆高已死吾年垂暮　西山閒是登臨處何人天壽山中去山中去十三陵寢淒涼烟樹闌怨一剪梅云當時樓上共看花鏡拭菱花簪落梅花人同秋燕暫辭家燕已還家人不還家　到頭夫婦總如花輕薄桃花寂寞梨花知那終歷在誰家黃四娘家吳二娘家送王仔園之金陵蝶戀花云、望裏風帆輕似鳥兩岸青山送客金陵道敏捷詩才誰鬭巧剪江神手看三老　歌舞南朝天易曉一霎君臣一霎開花草但把江山爲畫稿勸君不用傷懷抱陪諸公宴集城北園林。限屋韻。坐有魚校書。念奴嬌云、栁衰如此笑忙人城市終朝相逐畫裏烟波誰作主付與雙鳧孤鷺選技徵歌尋化載酒此是吾曹福風流前輩。揚州休讓杜牧　爲周螢苑鷄臺繁華幾處但見青山禿多少興亡看過了且看湘裙六幅年少飛揚輕衫匹馬曾射林中鹿老來腸斷如花人倚修竹

祥符周畇叔（星詹）都轉。光緒初年以翰林外簡。任至兩廣鹽運使、喜爲艷詞。著有東鷗草堂詞。茲錄二首。九月十六日夜泊雙橋。（橋去嘉興六十里）虞美人云。扁舟秋入嘉興路。夢逐回波去。斷腸名字說雙橋消受單衾孤獨又今宵　松陰暗轉蓬窗悄。霜重溪風曉。亂蟲聲緊凍絲絲剛是酒醒人睡月黃時舟夜寄閨人南鄉子云。客榜又天涯翠被鄉愁一倍賒生怕東風櫚夢住瞞他侵曉偷隨燕到家　愁憶小窗紗宝幔沈沈玉篆斜月又無聊人又睡寒些門掩紅梨一樹花

郭慈傳

雲岩

十六世紀之始。德意志國步艱難之秋也。皇帝都於微因。（即維也納）徒擁虛器。時有執政

强臣、教宗君長、公侯騎目、名戴皇帝。實弁髦視之。從無一人爲之盡瘁。而皆私據封疆。擅征賦稅。干戈玉帛。肆意恣橫。方之華夏。其平王東遷後之諸侯乎。然此輩中固多英雄豪傑之士。不可蔑視。其尤著者。則有如徵希令郭慈慈因帝國直隸騎目據燕藤山之雅士。都設堅壘。坐守其中。以鎮之。威名震遐邇。好戰樂鬭。蓋其性成。膂力既剛。且精韜略。並嫻步技。年方弱冠。即事從戎。蒲柴及罷陰之戰。以驍勇著。藍虎之役。喪其左手。有良鍛師爲之易以鐵臂。執戈擊劍。皆以之。愈形勁練。自此皆後人稱之曰鐵臂將軍。郭慈及帝瑪哥第一即位。全國和局以定。郭慈無所用武。遂居雅士都。然人心未靜。事多不平。如以雪掩谷壑。尋且復現。郭慈俠勇之心。早已怦怦復動。既與明見教長因故啓釁。雖立約以息之。然卒無濟。爭端且益烈。郭慈遣最忠愛一僕偵要事。僑裝而出。爲禹陵人所覺。洩之朋貝。僕遂見執。詢其迹。再洩。遂萬辱陵虐之。郭慈聞而大憤。誓拯此僕。計欲直搗朋貝。掩執教主。然以故策敗。衛士令阿大者、亦騎士也。寵於教主。實其羽翼。微服而出。周遊列邦。偏說諸侯君長。聯盟助教長以敵郭慈。郭慈聞之曰。時机不可失也。將乘机以大張撻伐。密遣腹心偵衛士令行踪

而渴望其歸

叢林之中。有田莊焉。郭慈設草墩其前坐。以待其使者之至。每頃刻必躍起穿林外望。甚至已所着鐵甲一動。亦自迷若聲自外來者

久乃自吟曰。孚德、彼得、焉在乎。吾居此已五日夜矣。何居乎。待吾友爾衛士令君之宿負。當於最末次償我海勞（德錢名）也。執酒酌欲飲。已罄矣。呼曰。喬治、喬治、吾懸念期待。渴甚矣。吾幾憶此罇曾數度滿酌也者。喬治、此孺子藏於何處。喬治。

田莊門闢。一少年躍然出。年力未壯。稚氣猶多。披騎士鐵甲。倍大於體。戴鐵冑。掩及肩。黃髮燦然射出。頰暈赤。赧然而立於前。

郭慈斥曰。何事作魔弄此假面。喬治視之。有如斯之騎士乎。哼、爾無靦然若子之年。吾亦覺急不及待。何待乎。待吾自有甲冑。此甲與冑。漢生之物。非歟。

喬治對曰。然。將軍伊熟臥此草舍內。小子乃悄然取其衣甲並其劍。至舍後草田中學舞之。

學舞。郭慈莞爾曰、荊棘鈎刺。想必待汝善也。但漢生甲冑。仍付彼。且酌我一觥酒。命

韓時視馬吾諸使者隨時可望其至也

對曰、馬歟小子已飽秣之而鞍轡羈勒收矣將軍隨時可乘也但將軍、嘻威嚴之將軍乎小子可以偕往否

且待他次喬治若少危險吾乃携汝

喬治澀然曰、他次乎將軍已屢言之將軍此次試一偕之小子但騎隨其後而為將軍拾遺鏃若前者小子得隨將軍將軍强弩當不至失也

汝何由知之僕輩告汝乎

曰、然將軍、吾為之嘯各種曲敎之快歌以易之

郭慈撫其頰、贊曰、汝誠一勇少年也喬治、他日有事吾必偕汝吾言不易矣但今者徒乎若子征且大不利將來吾需人才尙多也

喬治呼曰、將軍聽之馳驟之聲非歟必若輩也吾將速引若騎

喬治疾躍而去郭慈騎隊歸矣其首孚德急來復命曰、衛士令謁水巉君淹滯若干時今謀未宵即發歸朋貝矣郭慈即躍上馬衆隨之馳往哈司剌林喬治凝目送之

中心怏怏然

旣乃合掌頌曰、天乎。神明乎。吾救主。令吾爲騎士若郭慈乎。吾將亦若子。與蛟龍斯鬪矣。郭慈所料果獲。衛士令率百騎過之。遂爲邏者所捕。功旣意中。即時疾騎馳往雅士都。郭慈泰然意甚得也。衛士令則默然鬱悒之衷形于眉宇

郭慈曰、無爲若是戚戚也。吾子自以爲被吾虜將終身爲吾囚乎。雖然、以鏈鎖桎梏待吾子者非郭慈也。所望於吾子者不棄郭慈而常得以騎士之情相與以反抗朋貝吾子其首肯乎。

衛士令怏怏然答曰。吾無所恐。君騎士天職。君自爲之可也。

郭慈曰、所不踐吾言者。有如皎日。阿答貝、吾子其徵諸人言。誰復謂吾輩曾反戈相向。爲孫童之時吾等非同心密交之戲伴乎。及長而共事於方伯之府也。非膠漆不可離解之契友乎。吾子獨不憶之。喀司稻、泡魯克斯、非睹吾等交誼者所以名吾及吾子乎。（按喀司稻泡魯克斯俱希臘人喀司稻善馭馬泡魯克斯善拳技二人爲孿生兄弟而俱有名當時）

衛士令曰、諵諵、夫皆已往之事。又奚必重煩舌頰。君其歸休。

郭慈曰、否否、吾捨追憶往事以敍故交。無他可悅也。且往事雖已渺。然較之夢寐則有殆矣。吾之意則欲吾等沒齒相交無中道相捐耳。胡意吾子忽翻然與我爲敵。謗汚我於君侯伯長之側。視我如廢。吾意吾子所以甘心忘故而爲此者。徒欲見好於敎主耳。嘻、吾子其究於彼奚獲。無所圖獲而諂結之。不過以彼爲強鄰而能挑撥吾子儕。抑吾子獨無臂附於兩肩乎。獨不能聯合同志反而抗性乎。吾子獨非騎士之自由者歟。舍天主皇帝而外無所附屬者乎。胡爲伈伈俔俔。齷齪卑屈。爲敎主之傒臣。寄食於人而不自知其可恥也。

衛士令勃然而起曰。君之視諸君長。如猿視羊。吾則另有他見。且吾所行。非自爲也。意謂自託於強大者之庇下。將可以竭綿力所能。以爲吾德意志光。以定全局之和平。此數者、吾等之所渴望而諸君長之所力求者也。君胡得而蔑視之。

郭慈進曰、吾子言。誠然。雖然、使諸君長果如吾子所述。則事又當他論耳。無如彼之所希望和平者。如鷙鳥之求食。假和平以圖其搏噬之便耳。夫以皇帝舉明臨照萬方其所思慮固無不善也。政俗之積敗。固其所欲力事經營以改過遷善者也。但皇

文藝

帝獨立於上朝出一令焉夕降一令焉所望於切實力行者待諸君長君長則但擇其利於己者頒而行之其利益之微者弁髦視之足下踐之矣以此之故若我者、若賽比司、及世陘艮、伊皆視之如荊棘在目所以然者以他人一呼吸空氣皆仰視其鼻息而吾等寧速死不欲效之也。他人多忘世有皇帝而皆屈事伊等而吾等則捨皇帝外不欲他奉事也嗟乎、衛士令吾子寧非丈夫胡自卑辱以爲他人驅役

衛士令咈然噪曰。君忘吾爲子囚乎。劍尙在吾手。

郭慈斷其語曰、止、止吾所寶愛之城。雅士都。亦默示吾等息爭也。夫兩相辨論意趣。究莫能。一吾甚疾其嘵々。此等語足以離間吾等心腑其盍屏非語抑天降之福使吾城得和平無事以至今日以待吾二人之相會其借杯觥以敍吾歡以道吾舊何樂如之阿答貝、吾子非數載相別。足跡不及踐吾雅士都者歟。吾婦甚關心吾子。吾妹亦殊欲與吾子重相見也。

（未完）

理想小說

寶窟

原名(The Gold-Bug)

衍初

余與維廉烈格君交有年。君出法國新教派信者之一巨室。祖居於新奧斯里。家本素封。性復慷慨好施與。利澤及人者衆。故聲望至昭著。然迭遭閔凶數年間父母兄妹相繼逝。儲財雖多而厄運迫人一瞬遂赤貧如洗矣。余每聞其自述遭際。輒爲之歔欷不禁。況彼身當其境者乎。君既丁斯艱境。窮困家居觸物生感。舍擇地遠適亦別無計遣此愁悶。於是遂決計去祖居。卜居於勞利納州查里斯敦府附近之南桼利米島。

南桼利米島者。多由砂成。長可三英里。寬不及一英里之四分之一。與大陸相隔僅一狹江。蘆葦叢生。江水澄碧。鷗鷺遨遊波間。咸熙々自得。景物幽絕。令人有出塵之想。然島既由砂成就。吾人思之。當鮮植物爲木之蔭。必罕覯或絕無者。而實則異是。島之西端。當木爾脫里砲臺左近。有板屋數間。盛夏時查里斯敦府士女。爲避巷衢煩囂。與患熱病而來者。輒居焉。故植棡樹棕之事。歲恒有之。此外除沿海一帶白砂石岸。概屬不毛。其他則與之廻異。蓋英之園藝家珍視其地。遍植馬支魯樹於其間。其生長繁茂者。常達十五英尺。或二十英尺不等。遠望之則森林蓊鬱。竟疑無隙地可入者。其芳香所及。島人實受其惠。亦云奇矣。

森林深處。去島之東端不遠。有小舍一。景色荒涼。屋椽不斲者。即余友烈格君所居也。余與相識之時。云寓此已兩閱寒暑矣。余與之交。始猶泛々。繼則親密。終乃頃刻莫肯相離。其爲人有足使人敬畏者。性耿介。交游絕少。心力亦倍常人。每值一事適其意。則熱心研究。幾至幷忘食寢。然偶有不適。即復沈鬱不釋。一若蒙重憂者。藏書雖多。而讀者無幾。平時但以漁獵爲樂。又酷好搜集貝殼昆蟲等類。作標物標本常逍遙海濱草原間。從事搜索。所集類多珍奇。昆蟲學者見之。垂涎不置。其常與伴者。則黑奴久必脫老翁。此奴當釋放之時。烈格家尚未衰。服役至今。忠實異常。奴嘗以忠侍維廉少主。爲一己之天責。雖百計驅遣。終弗去。蓋烈格親族。以烈格數經挫折。神經昏亂。似罹心狂。故以此奴爲看護者。厚囑之。令其無頃刻離焉。

島近赤道。冬無嚴寒。煖爐亦可不常需。然千八百某年十月中旬之一日。天時驟變。

忽爾嚴寒。時余居査里斯敦府。距島九英里。以來往不便。久未訪烈格。此日將暮。冒嚴寒。踏叢草。由僻徑徒步往謁。既至。叩其扉。久無應者。意必主僕偕出耳。因就戶側覓其藏鑰處。既果得之。遂啓扉入。至書齋。見煖爐正熾。主僕或未即歸。需久待之。天雖寒。以爐火尚煖。遂去外套。置椅爐側。靜坐以待其歸。

少選。烈格偕其僕歸。見余至。喜甚。謂余曰。君來甚善。余欲晤君久矣。老僕復含笑曰。今夕將以鶩饗君。余少時往割烹之。烈格與余坐爐側。顧余曰。君以何時至。余曰。薄暮。相待固未久也。余觀烈格意甚暢適。無復昔時憂鬱態。方欲詢以近況。烈格復謂余曰。今日余與老僕搜得新貝殼。爲人所罕見者。中有玉蟲一。狀至美。明晨當以示君。君見之。亦將奇其狀。余且欲以所疑質之君。余聞言甚驚異。顧謂之曰。盍即今夜示余。

烈格曰。余若早知君至。則今夜必可以示君。但久不相晤。詎料君來。故歸途已以此蟲寄管守砲台之G－大尉矣。非明日斷難往取。今夜固無從示君也。君請宿此。明晨余將遣久必脫往索之。有頃復曰。美甚……美甚余曰、美者云何。……

烈格起立笑曰。君何愚謂玉虫也。其色若黃金。其光眩目。大若小粟。背之一端有二黑點。他一端有稍長者其一至於觸角。

正言時。久必脫從傍揷言曰。主人前不云乎。此非虫也金也。除二羽外皆似純金。此種寶物老奴未嘗一見焉。

烈格曰、信如汝言……則燒之似亦無妨。雖然究未敢信。

言時、意若甚不悅者。久必脫急以他語亂之。烈格復顧余曰。其色雖如若所言。然究不若眞金之美。明朝君見後當知余言不虛。請先以畧形示君。即取殘紙一片執筆凭几作圖。余以怯寒故仍倚爐待之。未幾烈格圖成授余。尙未及視忽聞門外犬吠。久必脫啓戶視之。陡見烈格之犬自戶外越入。見余在。搖尾歡吠不已。繼又越登余肩。細視之。乃牛芳蘭種也。余與犬戲有頃。烈格急甚驅去之。余細閱其紙。乃大驚異。審察有頃。謂烈格曰。此蟲誠足珍。但形狀殊異。若非髑髏之屬。則非余所及知。然就余所經見者度之。則與髑髏絕相類也。

烈格聞余言嗤以鼻睨余曰有是乎乃髑髏邪就書觀之或與髑髏似因其背間二黑斑殊不明瞭粗閱之疑即其物之雙睛故下方一點亦必作口觀以是遂并其全體誤視作卵形殊可笑也

余亦笑曰君言當不謬或者君畫筆有未肖處遂致余誤視爾總之非見其物終難知其眞

烈格聞余言意若至不怡者就余手視其圖有頃乃言曰審是則非余所知矣余學繪亦有年乃併此而不能得其眞者詎當理乎

余知其不悅余言乃解之曰吾非不知君善繪恐君故相戲耳然此圖亦絕似髑髏若玉蟲果類此圖則其狀亦屬奇妙也使余爲博物家者必以人頸頸形玉蟲名之……但未知君所云觸角何在

烈格聞余言狀益躁急起立大言曰君言亦何嘖嘖余所繪與其物固無絲毫異乃云無觸角乎

余思更與爭論則狷疾恐復發遂謾應之曰君言是余今日絕昏眊此圖固極明晰

余猝未辨耳言。次遂以圖紙返諸彼。然其蟲之狀。究屬離奇。以彼正怒。余又不欲與較。故暫置不論。實則所謂之觸角何在。余固未之見也。即無論以此圖質之何人。亦必以髑髏視之耳。

烈格就余手取其圖。握之掌中。將以投諸火。少一籌思。又復遽止。默然就坐。垂其首。以目視膝。若重有思者。少選。色遽變。展其紙注視。不少動。有頃。復起立。就机取燭。退座於航海櫃上。以紙就燭。翻覆映視者幾一時許。余察舉動異常。不覺驚詫。欲詢之。恐觸其怒。故仍默坐。以觀其後。少頃。見其自衣囊取小紙夾出。以繪紙納入。不藏諸身。而納諸屜。復加以鎖。意若至寶重者。舉止較前益沈着。而熱心則頓減。似有所感觸而陡生憂戚者。然余雖百方與之戲談。亦置不答。主客相對。寂闃寡歡。是時老僕久必脫已就寢矣。余本擬宿其家。然主人愁苦如此。則不如歸家為愈。遂起立告別。伊亦不少強留。遂握手以去。　（未　完）

夏聲第五號

雜纂

列強經營支那路礦航運商業最近之政策（續第三號）

第三章　列强在支那之經濟的經營

儕俠

支那富源之無限無盡殆不能發見其與比儔者既如前章所述矣今日者世界列强聚精會神高掌遠蹠奮其長臂運其腕力於一方施行勢力範圍即於他方主張門戶開放以如斯廣大無邊之支那老帝國刀俎魚肉任意濺凌或鑛山之開鑿或鐵道之敷設或水運之企業或製造工業之施設經營慘淡實現一最大修羅場吁、彼等之營業賭利敏速便捷可謂再無出其右者矣然而列國最初能得礦山採掘之特許者則起因於中日講和馬關條約之明文茲譯于次以供衆覽即其第六欵第四項云。

日本國臣民。得在中國從事於各種製造業。又可得輸入各種器械類。

以此條約之故在支那同有最惠國條款之列强此際於各種企業上頓與一大刺激就中以礦山開掘事業最爲所垂涎注意今調査列强在支那所得礦山權利。先由英國依一千八百九十七年之英淸條約第二條。在所屬勢力範圍揚子江流域八省之礦山收得開掘權。德意志亦於山東省取得最重要石炭礦及鐵礦實行之開掘職是之故並在山東組織一大開鑿公司邇來採礦盛行日日輸送於膠洲灣法國得自老撾至雲南府兩所鐵道之敷設並得雲南礦山開採權更進而觀俄國。果何如乎。彼則把握滿洲礦山開鑿之特權且聞俄政府將來特與北京政府交涉。準其在各處礦山有自由開鑿權除此而外支那政府對於外國私立公司。亦直接許有礦山開鑿權利例之如英國之新幾開到。於四川省內。有礦山採掘之特權今列舉契約中最重要之條件。資本總數一千一百萬兩。由支那支出六百萬兩由英國支出五百萬兩。以後利益分配之法。中英股東各得四成。餘利二成須納於支那

雜　纂

政府。又定爲稅章。以採掘總數抽百分之七。報効於支那政府。又北京新幾開到由英伊兩國人組織一大公司。其資本金六百萬磅支那政府對於此公司。許有六十年間之礦山採掘權且與以必要鐵道敷設權。至其採掘區域。則爲山西陝西河南三省占取頗廣大之面積合三省計算實有七萬一千萬里。其所採掘者則爲鐵及石炭等。若論其埋藏額足供世界將來二千年間製造業之使用然則該公司前途之發達尚可限量哉法國新幾開到之福安公司與支那人設立之保富公司。訂立合同擔當經理四川省內石炭及鐵礦開掘之事資本金定爲一千二百萬兩。由法商招集一千萬兩保富公司。僅出資二百萬兩。近時我日本商人。亦在湖北省着手於大冶鐵山之開掘法國又在四川省得六所礦山開掘權英國亦在四川及山西兩省得數所礦山權骨肉有限朘削不已支那政府今始頓夢大醒方知礦產之可貴務欲排斥外人之礦山開採事業乃特於一千九百四年三月間。制定第三礦務章程。公布於世。今試摘譯其中之重要條件如左。

(1)招集礦業股本。必須本國人之資本金先占多數。若因內資不足。而欲加入外國人股本時。以不得逾本國股本之額爲限。既有外國人股本。不得再借外資。

(2)若資本出於豫算之外。而資本不足。增資困難時。暫時得由外國人借入。若其礦業僅由本國人股本成立者。當明定年限。以器械建物等抵當。不得借用外資。

(3)不論本國人自營。或內外國人共同事業。須得政府之許可證書。如請願時。必先報明實際之資本金若干。以採何種之礦物爲目的。股本現存該省某信用銀行。或某票號。須要檢閱其保證書。

由右以觀。是不認外國人之單獨經營。必限定本國人或內外國人共同經營事業方能準許其合同股本外國商人不得超過本國商人股本之額。是明明阻撓排斥外國人之事業經營而專以增進本國商人之利權爲主者也。雖然以吾輩觀之。畢竟不過一片空望耳。居今日而欲由礦業排棄外國之企業家。是到底不可能之事實也。何則、蓋支那人之工業智識本來缺乏。招集股本以辦理事業。其遲鈍拙劣。過出乎他國人之外而合資合名之組織必自往昔發達養成自然一種之習慣方足濟事若一旦而欲强多數人招募大股本大資金非特不解集股之道殆亦無此素養況此礦業之經營必需巨額之資本巨大之設備哉然則其進運遲遲而前途毫不能見發展之曙光者吾輩可預决也縱令支那政府發布此種排外之嚴令不過紙上談兵徒作大言以欺人而自欺耳今公令已發布矣吾恐外人經營之礦業較諸從前却告一層盛大隆昌者亦未可知也

次就列强經營支那鐵道方面觀察之俄國先據一千八百九十六年中俄間締結卡西尼條約之明文在滿洲獲得東清鐵道敷設權及種種營業權而中俄銀行者即此條約之結果出資經營得被設立之機關也查該鐵道線路蜿蜒二千三百七十七俄里之長自地勢上分爲南北二部一線橫斷北部滿洲之東西一線更自其中央縱斷滿洲之中原而直達南端其形恰如丁字式其北部線連絡後貝加爾支線之東端（即西伯里）與烏蘇里支線之西端（即巴古拉尼幾那亞）而延長一千三百八十八俄里其南部線由哈爾賓經奉天旅順大連灣及至營口延長本

支線。合計共亘九百四十五俄里。北部線其間除海拉爾及哈爾賓外。通過商業都府者殆罕。而多爲荒蕪不毛之地。然南部線路則全然反之人烟稠密土地平坦農業亦甚發達况其最終點並有旅順青泥窪極東最緊要之大門戶乎當初俄國之着手經營爲一千八百九十七年二月。而於同千九百一年全線工事遂告成功其所需經費約計二億五千三百餘萬盧布一俄里平均之敷設費該當十萬六千六百餘盧布。俄人苦心孤詣慘淡經營耗此無數鉅金者其大目的果安在哉蓋欲利用此鐵道以達彼國年來之希望而舉亞東覇權專歸一已掌握也孰意此次竟以日俄戰爭之結果却實現反對之事實舉所謂南部線旅順青泥窪之路尙未收十分效果今却爲我國收得使用豈不哀哉豈不哀哉

山東鐵道由德意志商人新幾開到獨力組織全線延長四百二十餘里北線以青島爲起點經過膠州濰縣而達於濟南府南線發膠州自沂州北上亦與濟南府會合支線尙有四條。而膠州濟南間二百五十里已於一千九百四年三月十五日全部開通。邇來從事於業務。蓋全路線道竣工期限。據條約自着手之日起。豫定五年

告成。至一千九百六年中。全部當可開通也。現已開車營業之處。為濟南膠州間。此條線路。德國自河南陝西等之富裕地方。得運輸貨物而擔直輸出海外之任務。故其實占重要地位。不待論矣。該鐵道公司營業年限。定五十年。期滿後。有支那政府。可得任意收回之豫約。該公司尚有鐵道沿路二十年間鐵石炭等礦物開採之權利。支那政府。且允德國嗣後山東省人民。尚有新企業。欲借外國資本。或輸入各種新器械。必先商諸德國。若德國不成時。始可求諸別國。嗚呼。彼德意志帝國驅此鐵道公司。一則為軍事上之援助。一則為經濟上之使用。我國家國民。當此經濟風潮急流勇進之日。猛省奮力。飛速進行。勿徒視為對岸之火災也。

關外鐵道一名榆營鐵道。其名義上雖為支那政府所有。然資本英國實主之。昔俄國政府。因東清鐵道與盧漢鐵道之聯絡。恐被中斷。而有勢力不均之感。故出而大相反對。兩國間之紛爭葛藤。頗形激烈。遂起種種交涉。一千八百九十九年春間。因英俄協商而事始有落着。遂訂明兩國線路。自山海關起點。經甯遠至錦州。由此分岐。而一達營口。一抵奉天。現今山海關營口間。均已開通。又錦州奉天間至新民屯。

亦被開通矣。

關內鐵道即北京天津間。而稱爲蘆津鐵道。天津山海關間。稱爲楡津鐵道。屬於前者。即由北京南門外馬家舖。經黃村達天津三十一里九町之線屬於後者即自天津經塘沽至山海關約七十里之線路也原來該鐵道係支那經營當初敷設之目的蓋欲斷絕東淸鐵道與蘆漢鐵路之連絡以防止俄國之南下也

此下所言蘆漢鐵道（即今之京漢鐵道）果帶如何之性質及如何之歷史乎。若欲研究其眞相亦極有興味之一大問題也。

支那政府以中日一役之失敗其大原因實由內地交通運輸機關不甚完備所致倘使當時於南北二路有一貫通之大鐵道則軍備上之充實可奏至大之奇效得以期北部兵備之完整然以無機關鐵道貫通之故致招彼國兵戰上一層之敗北也。當時由直隸總督王文韶兩廣總督李鴻章湖廣總督張之洞等。設法籌畫議論既決由張王二公聯銜上奏主持募集股金開辦。奈不顧國益不知國家權利之支那資本家無一應此募集者以致事業不能着手而李總督鴻章抑鬱憤懣乃欲作

雜纂

世界漫遊之計慫慂各國之資本家夫各國資本家日欲持經濟政策以滅亡人國方苦資本之無用途自有此舉是教猱升木開門揖盜而各資本家有不狂奔翠赴爭投其資金哉惜其對於敗餘老帝國之條件頗極苛酷惟此利時國新幾開到獨以輕易條件妥手獲得支那政府亦以比利時於歐洲中不過一蕞爾中立國與列國無大關係且眩惑其條件之合宜遂不及深究其裏面如何遽於一千八百九十七年三月二十七日在武昌省城與其代表者訂結借欵契約詎知該新幾開到先在北京暗受俄法兩國公使之助力頗多中俄銀行亦與有力焉此事實傳播於英國英內閣照會駐清英公使馬孤多那爾多氏據最惠條約詰問支那政府抗議力爭但當時俄國因法之後援在北京政府勢力頗極盛大遂於一千九百九十八年六月敷設之特權全然歸於俄法之勝利此鐵道由南北兩端起工北自北京起點經保定正定彰德天津而出河南之開封南自津口過信陽確山縣許州諸都府而會接開封一時世界目爲最大工程之黃河鐵橋亦得無事完成今自北京津口間全線三百二十五里悉見開通於戲俄國東方侵略之手段昔僅注意於東清鐵道

之經營今並京漢鐵道亦設法開通則其雄謀隱圖固欲在南部支那得絕大之利權此司馬昭之心路人皆知者也然當日支那政府不過企圖本國軍事上政治上之發達今乃全化成俄國南下之一大利用器雖欲不謂爲一大奇現象得乎

俄法兩國着手於京漢鐵道之經營者非專以扶植一已揚子江流域一帶之勢力圈乎英公使馬孤多那爾多氏。恐本國在長江一帶之利權將來爲所侵害因德公使於山東省經營之事頗爲確實遂特訂英德合同。以與京漢鐵道相頡頏而有津鎭鐵道經營之計畫該鐵道線路。由天津沿大運河。直過商業繁榮之德州府。以與山東濟南府德國經理之山東鐵道。互相聯絡。過山東南境而入江蘇。經過同省北部商業中心點之清江浦。至鎭江止。全綫延長。凡六百三十四里。而自天津至山東省南境。爲德國新幾開到所布設者。自山東界至鎭江止。屬香港上海兩銀行所經營。蓋此條線路因大運河沿岸之故人烟稠密商市繁華之地不少即江蘇省之清江浦揚州徐州瓜州是也。查清江浦爲六安茶河南牛皮棉花藥類薈萃之所又爲棉布外國雜貨品之供給地揚州府爲江蘇南部之一大貿易塲人口三十萬。徐州爲有名鴉片之出產地瓜州則兩淮鹽運之集散場也至於山東則有濟南府德州府二處濟南者山東之首府即山東河南內地貿易之中心點也德州府者由運河通至天津爲石炭棉花煙草之集散地餘如該路兩終點之天律鎭江者皆開港互市場而商業殷盛貿易隆昌久爲各國所公認者也故津鎭鐵道者實爲通過中國富源之重要地將來於通商貿易界上必與英德以次大之利益以之與乏於經濟之京漢鐵路比則判若霄壤誠不可以道里計也

其次則爲自津口經岳州長沙湘潭及韶州等諸都市至廣東八百里之鐵道名爲粤漢鐵道足與津鎭鐵道利益相敵將來實爲支那富源開拓之最有利者該鐵道初由美國元老院議員哇西板凱利及補拉伊斯三氏發起屢次企畫於千八百九十八年設立美國開發支那公司要求支那政府認許其敷設營業權專從事於鐵道之布設嗣以支那人民反抗甚熾工事進步非常迂緩故八百里線路之設不過僅得三十里左右而止該公司之事業窮迫已極而支那政府國民乘機而倡買收之議該公司遂以協議之末以六百七十一萬弗之價値賣渡於支那

淞滬鐵道自上海至吳淞約十里間之綫路同治五年七月幾亞登馬基遜公司設計之。初僅上海不過江灣間之線路其後更延長使直達至吳淞當時支那人民不知鐵道爲文明利器各懷恐怖之心支那政府乃以二十八萬銀兩。買收該鐵道。破壞線路。以釋國民疑懼。然我明治三十年。又請支那政府即沿從前舊綫路。續行敷設。明治三十一年八月間上海吳淞。得以開通營業。據刻下所聞。將來又有複線改築之計畫。亦誠一慶事也

此外於北京西南之山西及陝西諸地方。法國自直隸省正定府起。經過山西省平定州北關之炭坑。至該省太原府止。擔任鐵道敷設計畫此路名曰正太鐵道又英意二國。亦得有太原西安間之鐵道布設權此等鐵道竣工期限雖較稍遠然該道所經過之地礦物豐饒著名於世倘此鐵道完工之後運輸發達不待預決也更觀中央及南部支那列強所經營之鐵道先由英國得自上海至江甯二百三十三哩之滬甯鐵道自江甯之蕪湖經安徽至河南信陽州止。三百三十三哩之蕪信鐵道及蘇州至杭州甯波等百六十七哩之蘇杭甬鐵道均得敷設營業之特權法國自

廣西省南甯府至廣東省北海港止及自法領河內府經凉山而至廣西省龍州南甯止亦得鐵道敷設之許可現河內龍州間已開通營業矣加之法國又得自河內府越老開蒙至達於雲南省城約八十哩之雲南鐵道敷設權刻下從事於工事敷設蓋法國欲利用此鐵道使雲南之富源悉歸一己掌握也孰意自此策畫出爲神經敏銳手段高捷之英國所偵知出其霹靂手速速獲得自緬甸首府滿答萊經過崑崙渡出雲南大理府更達雲南省城滇緬鐵道之敷設權與法國並駕齊驅以蠶食雲南據近時所傳該線路尙須由雲南延長沿長江至重慶府沿途由敘州府附近分而以達成都之計畫

以上列舉之外英國尙着手廣東九龍間之鐵道英意兩國企畫太原襄陽間之鐵道俄國又注目於天津蒙古庫倫間之鐵道而龍州桂州間之鐵道又將歸於法人之手目下屬出願中陝西四川廣西諸省列國之鐵道其數亦決不尠嗚呼果以如斯之情勢推移乎則異日長蛇蜿蜒縱橫奔馳於四百餘州者莫不歸於歐美國民之手亦不可測知也

以下增附礦山鐵道一覽表

第一直隸省

地名	坑名	坑主	資本額	礦種	注意	國籍
開平 開平 開平	唐山 開平礦務局 開平礦務局	開平礦務局 開平礦務局 開平礦務局	1,000,000磅	石炭	礦區三十方哩合炭量六千萬噸	英比清合同
曲陽	白石灣	孫進申	未定	石炭	探礦中	清
宣化	雞鳴山	沈蕎白	未定	石炭	探礦中	清
曲陽	野北村	張鵬元	未定	石炭	有開礦權	清
阜平	炭灰舖	周萬全	未定	石炭	有開礦權	清
臨城		臨城礦務公司	未定	石炭	有開礦權	比清合同
熱河	金廠溝梁	徐潤	未詳	金	每日出四百五十匁	清
熱河	雙山子	繆桂榮	未詳	金	每日出二三百匁	清
熱河	朝河川	吳景鏡	未定	金	探礦中	清
熱河	小塔子溝	胡久業	四〇、〇〇〇兩	金	開礦中	清
昌平州	河子澗	牛宏富	未定	銀	探礦中	清

第二山東省

招遠縣	洛山	李家愷		金	每日出七十匁乃至一百匁	清
威海衛		威海衛金礦會社	600,000弗	金	礦區九千六百坪	英
濟南府	千佛山、鵲華山	山東鑛山		金	目下探礦出願中	德
淄川縣		會社		金	同	德
濰縣	方子村	山東山鑛會社		石炭	每日產一百噸	德
淄川縣	黌陽坡			石炭	鑛區約一億坪	
博山縣	大黃仙、黃家莊			石炭	鑛區二十二億坪	
沂州府				石炭		
章邱縣				石炭		
萊蕪縣				石炭		
嶧縣		德華中興煤興公司	400,000兩	石炭	目下開礦中	德清合同

第三山西省

盂縣 平定州 澤州府 平陽府	福公司	10,000,000兩	石炭 鐵及 石油	礦區一萬三千五百方哩	英國

太谷縣 太原縣 陽曲縣 平遙縣 靈石縣 孝義縣		比利時會社		石炭鐵石油	礦區一萬二千方哩唯留保採掘權	其籍爲比利時而實權歸於俄羅斯
平陸縣	東鄉棗、後村	平陸縣礦務公司	一〇〇、〇〇〇兩	石炭石膏	目下採礦中	清
其他各地		同濟礦務公司	三〇〇、〇〇〇兩	石炭其他之礦物	目下採礦中	清
第四河南省						
懷慶府 懷慶府 懷慶府 衛輝府	濟源 修武 清化鎮	福公司	一〇、〇〇〇、〇〇〇兩	石炭其他礦物	礦區一萬方哩	英國
其他地方		河南礦務公司		石炭其他礦物		清
第五江蘇省						
上元縣	棲霞山	何鉞	未定	石炭	探礦中	清
句容縣	龍潭	龍潭官礦局	未定	石炭	開礦中	清
句容縣		胡家楨	未詳	銅	開礦中	清
第六安徽省						

銅陵	官銅山	凱約翰	未定	石炭	鑛區六千六百八十方坪目下中止	英
宣城	大牛山、方山、青龍山	宣城煤鑛公司	未定	石炭	五千五百萬坪目下中止	清
廣德州	錫猪洞、梁家山	楊錫琛	未定	石炭	探鑛中	清
貴池	饅頭山	楊・德	三五〇、〇〇〇兩	炭石	礦區二十方哩	清
貴池	猪形山、繼窯山	孫發緒	未定	石炭	探鑛中	清
繁昌	强家山	吳德懋	未定	石炭	探鑛中	清
東流	喜包山、發螺山	陳啓昌	未定	石炭	探鑛中	清
天長	冶山	何象彭	未定	石炭鐵	探鑛中	清

第七江西省

萍鄉	天滋山、安源山	萍鄉鑛務公司	六、〇〇〇、〇〇〇兩	石炭	每年產十八萬噸	清
樂平	蝦兒坑	文芝鳩	未定	石炭	目下探鑛中	清
樂平	手頭山	周小滸	未詳	石炭	開鑛	清
樂平	藕塘坑	蔣如松	未詳	石炭	開鑛	清
贛州		華寶銅鑛公司	未詳	銅	探鑛中	清

第八湖北省

大冶	大冶鑛務局		鐵	露頭鐵鑛六千萬噸	清
第九四川省					
四川全省	英吉利會社	二、000、000兩	石鐵石等 炭油	未採掘	英
瀘威綦巴合 縣寧縣江縣縣	法蘭西會社	三、000、000兩		未採掘	法
重慶龍王洞		未詳	石炭	開鑛中	英
打箭爐	唐國清	未詳	金	探鑛中	清
寧遠廠哈廠	熊濟文	未詳	金	探鑛中	清
第十浙江省					
桐廬皇甫村	張卿雲	未定	石炭	探鑛中	清
餘杭車口阪	陶滸宜	未定	石炭	探鑛中	清
第十一滿洲					
海龍府遠來堡	張紹華	未定	石炭	探鑛中	清

一一八

雜纂

海龍府	義和窯	秦德望	未定	石炭	探礦中	清
海龍府	進寶窯	積壽廷	未定	石炭	探礦中	清
海龍府	玉盛窯	羅玉潤	未定	石炭	探礦中	清
海龍府	永順窯	關永年	未定	石炭	探礦中	清
海龍府	永益窯	劉魁一	未定	石炭	探礦中	清
海龍府	萬利窯	楊濟春	未定	石炭	探礦中	清
海龍府	人和窯	李茂勝	未定	石炭	探礦中	清
海龍府	同德窯	史璧臣	未定	石炭	探礦中	清
海龍府	大發窯	郭士有	未定	石炭	探礦中	清
錦州	大滿窯	王岐山	未定	石炭	探礦中	清
鐵嶺	西營盤堡	楊錫琛	未定	石炭	探礦中	清
黑龍江	漠河		未定	金	十年間能得九千萬匁之金	俄清合同
黑龍江	觀音山			金	每年得三十萬匁	清
奉天	烟臺			石炭		同
奉天	撫順			石炭		同

第一俄羅斯

名稱	線路	既設	未設	豫定	合計
東清鐵道	自滿洲里至古羅的哥夫	一、三八露里	—	—	一、三八露里
同	自哈爾賓至寬城子	三三露里	—	—	三三露里
京漢鐵道	自北京至漢口	七八五哩	—	—	七八五哩
河南鐵道	自開封府經鄭州至河南府	—	工事中	—	八三哩
正定太原西安	自正定府經太原至西安	—	工事中	—	四七五哩
蒙古鐵道	自張家口至恭爾古達	—	—	—	一、〇〇〇哩
吉林鐵道	自吉林至寧古搭	—	—	目下談判中	—
龍黑江鐵道		—	—	目下談判中	—

第二英吉利

名稱	線路	既設	未設	豫定	合計
北清（關內）	自北京至山海關	二五四哩	—	—	二五四哩
北清（關外）	自山海關至營口	一六八哩	—	—	一六八哩
北清（新民屯支線）	自溝幇子至新民屯	六七哩	—	—	六七哩
北清（秦皇島支線）	自湯河至秦皇島	四哩	—	—	四哩

北清（天橋廠支線）	自高碕至天橋廠	七哩	一	一	七哩
北清（義州支線）	自錦州至義州	三〇哩	一	一	三〇哩
津鎭鐵道	自鎭江之對岸瓜州至山東江蘇境	一	一	三〇〇哩	三〇〇哩
松滬鐵道	自吳淞至上海	三哩	一	一	三哩
滬寧鐵道	自上海經蘇州鎭江至南京	一	工事中	一	一八〇哩
蘇州寧波	自蘇州經杭州至寧波	一	一	二五〇哩	二五〇哩
南京漢口	自漢口至南京	一	一	但保留布設權	一
鐵山鐵道澤浦	自澤州至南京之對岸浦口	一	一	但保留布設權	一
鎭山澤襄	自澤州至襄陽	一	一	但保留布設權	二三〇哩
信浦鐵道	自信陽州至浦口	一	一	但保留布設權	二七〇哩
九廣鐵道	自九龍至廣東	一	一	九〇哩	九〇哩
緬甸鐵道	自崑崙渡經雲南至四川	一	一	一、〇〇〇哩	一、〇〇〇哩

第三法蘭西

越南鐵道	自老開至雲南府	一	工事中	一	二七五哩
廣州灣延長	自廣州灣至高州	一	一	四六哩	四六哩

諒山龍州	自諒山至龍州	五〇哩	—	—	五〇哩
北海南寧	自北海至南寧	—	—	一三〇哩	一三〇哩
第四德意志					
山東青島濟南	自青島至濟南府	二五三哩	—	—	二五三哩
山東膠州沂州	自膠州至沂州	—	—	一六〇哩	一六〇哩
博山支線		二〇哩	—	—	二〇哩
津鎮鐵道	自天津至山東江蘇境	—	—	三〇〇哩	三〇〇哩
濟南開封	自濟南府至開封府	—	—	三一〇哩	三一〇哩
第五日本					
南滿洲大連寬城子	自寬城子至大連灣	四三八哩	—	—	四三八哩
撫順支線	自蘇家屯至撫順	三八哩	—	—	三八哩
旅順口支線	自南關嶺至旅順口	一八哩	—	—	一八哩
營口支線	自大石橋至營口	一四哩	—	—	一四哩
烟臺支線	自烟臺至炭坑	一三哩	—	—	一三哩
奉安鐵道	自安東縣至奉天	一六〇哩	—	—	一六〇哩

雜纂

奉新鐵道	自奉天至新民屯	四〇哩	—	—	四〇哩
吉長鐵道	自吉林至長春	—	—	四七哩	四七哩
第六葡萄牙					
廣東澳門	自廣東至澳門	—	工事中	—	—
第七支那					
粤漢(本線)	自廣東至武昌	—	七二〇哩	—	—
粤漢(三水支線)	自廣東至三水	三〇哩	—	—	三〇哩
粤漢(平沙支線)	至平沙炭山	—	六六哩	—	六六哩
粤漢(湘潭支線)	自本線分支至湘潭	—	九哩	—	九哩
粤漢(岳州支線)	自本線分支至岳州	—	二五哩	—	二五哩
京張鐵道	自北京至張家口	—	一三五哩	—	一三五哩
西陵鐵道	自京漢鐵道分支至西陵	—	工事中	—	—
津保鐵道	自天津至保定	—	—	八〇哩	八〇哩
熱河鐵道	自北京至熱河	—	—	豫定	—
河蘇鐵道	自開封府至海州	—	—	豫定	—

山西鐵道	自太原府經大同府至歸化城	—	—	豫定	—
西潼鐵道	自西府至潼關	—	—	豫定	—
安徽全省	安徽全省	—	—	豫定	—
江西全省（本線）	自南昌至廣東	—	—	四六〇哩	四六〇哩
福建支線	自南昌至福建	—	—	一六〇哩	一六〇哩
浙江支線	自南昌至浙江	—	—	一七三哩	一三七哩
湖南支線	自萍江附近至湖南	—	—	二九〇哩	二九〇哩
湖南全省	布設粵漢鐵道之支線於全省	—	—	豫定	—
福建鐵道	自福州至厦門	—	—	—	—
閩廣鐵道	自厦門至廣東	—	—	—	—
潮汕鐵道	自潮州至汕頭	—	—	—	三〇哩
黃埔鐵道	自廣東至黃埔	—	—	—	—
大冶鐵道	自黃石至大冶	二〇哩	—	—	二〇哩
萍醴鐵道	自萍鄉至醴陵	三三哩	—	—	三三哩
川漢鐵道	自成都至漢口	—	—	豫定	—

一三四

道澤鐵道	自道口鎮至澤州	九〇哩	三八哩	一	一三八哩
北京城內鐵道		一	一	一	一
廣西鐵道	自廣東至南寧	一	一	豫定	一
雲貴鐵道	自雲南府至貴陽府	一	一	同	一
滇蜀鐵道	自雲南至四川	一	一	同	一
伊犁鐵道	自蘭州至伊犁	一	一	同	一
川藏鐵道	自四川至西藏	一	一	同	一

日本軍制攷（續第四號）

懷椎

第十章　進級

第一節　現役武官之進級

現役陸軍武官之進級。當逐級遞陞。但非超實役停年最下期限者。不得進級。

實役停年最下期限之年數。如左之所列者是。但在戰時可減半其年。又休職停職之年月。不得於實役停年算入。

由伍長至軍曹　半年
由軍曹至曹長　一年
由曹長至特務曹長　二年
由特務曹長至少尉　二年
由少尉至中尉　二年
由中尉至大尉　二年
由大尉至少佐　四年
由少佐至中佐　三年
由中佐至大佐　二年
由大佐至少將　二年
由少將至中將　三年
由中將至大將　(例就歷戰功績特著者、以特旨親任、不定最下期限、)

按伍長進軍曹。只限半年者。因其職務略同軍曹與曹長。職務稍異。故進級

雜纂

以一年限之其他如特務曹長、少尉、中尉、以至大尉。皆有同一之性質。故進級均限以二年。若大尉進少佐。限以四年者。因少佐有統一大尉以下之職務。故其資格不可不深。至少佐進中佐。又以三年爲限者。以中佐可調查聯隊一切事務故也。中佐、大佐、少將、職務無大差異。故均以二年爲進級之限。少將進中將。又以三年爲限者。以中將可爲師團長。而少將不能也。若中將進大將。則無一定之期限。每以戰功卓著之中將。由天皇詔諭以進其級。以上所言各官進級之年限。乃軍制之原則。實則進級之官。必有缺出。始能補充。尤必有程度。始可進級。若無缺出。又無程度。雖曾越過年限。亦不得而陞也。故凡軍備完全之國家。將校進級。往往較他國爲難。如德國軍制。最爲完全。其陞級之武官。十人中。陞至少尉者。不過二三。陞中將者。猶屬寥寥。若美國軍制。有時不遂級遷陞。如少尉亦可逕陞爲少將。故美國陸軍不如德國者。良有以也。

第二節　進級之實役停年及戰時進級法

實役停年者。即服其職務之實役年限之謂也。例如少尉進中尉。本以二年爲限。如該少尉因疾病延至二年。已滿進級之年限。而未服進級之實役。此必待其病愈後。仍服二年少尉之實役。始可進爲中尉。不得以滿進級之年限。即可進級爲中尉。然其進級之年限平時與戰時不同。平時限二年者。戰時可減爲一年。此制大抵各國皆然。不獨日本也。

第三節　進級之方法

(一)停年補除

(二)拔擢補除

二者皆進級之方法。停年者即滿實役之年限。以年久者補除之謂也。拔擢者即因特別優績。不拘年限進級之謂也。二者之中。其足以鼓勵軍人之心者。惟拔擢法耳。

下士准士官之補除當用拔擢

下士及准士官之補除。其用拔擢法者。因下士與准士官。常爲一般軍人所

雜纂

接近。用拔擢之法。可以鼓勵一般軍人之精神也。

自少尉進中尉爲停年三分之二拔擢三分之一

少尉中尉。得用停年三分之二。亦必用拔擢三分之一。如三次進級。則兩次停年。一次拔擢。此少尉進中尉之法也。

自中尉進大尉爲停年拔擢相半

中尉進大尉。停年與拔擢兼用。如甲乙丙丁四者。甲之資格老而乙之才能優。則第一次即用拔擢法補乙。第二次用停年法補甲。又丙之才能優而丁之資格老則第三次用拔擢法補丙第四次用停年法補丁此即拔擢停年相半之法也。列表如左。

(甲)	四年	二次	停年法
(乙)	三年	一次	拔擢法
(丙)	二年	三次	停年法
(丁)	三年	四次	拔擢法

自大尉順次進大佐皆爲拔擢

由大尉以至大佐。其級皆順序而進。然其職務特重。非有才能。不足以當其任。若不用拔擢法。恐有不勝任者進之。反以遺誤國事。因是將官中往往有終老於大尉者矣

將官之進級與進級於將官有由陸軍大臣轉命之例

將官進級。雖出自上官之裁可。然必由天皇旨諭陸軍大臣後。而陸軍大臣始轉命於將官。

第四節　進級之區域範圍

進級補除之區域範圍如左

(一)由大尉順序至大佐之補除爲各兵科

士官進級。以本科爲限。不得以步兵科之大尉。而陞入騎兵科之少佐。亦不得以砲兵科之少佐。而陞入工兵科之中佐。此就全國言無區域範圍

(二)由少尉至大尉之補除爲各將校團

少尉進級。必依本隊之缺額而補除之。如第一聯隊之少尉。只可進第一聯隊之中尉。不得陞入第二聯隊之中尉也。（此就一聯隊言有區域範圍）

（三）經理部衛生部獸醫部爲當該

各部少尉。進級爲各部中尉。亦仍以當該部陞之。如經理部之少尉。只能進經理部之中尉。但不分何隊之經理部。皆可進之。（此就全國言無區域範圍）

（四）曹長之補除特務曹長爲各隊

曹長之補除。必認本隊之特務曹長缺額時而補之。如第一隊之曹長。進第一隊之特務曹長是也。（此就一隊言有區域範圍）

第五節　豫備後備武官之進級

豫備後備武官之進級。與現役武官之進級同。以定限年齡滿期。而陞遷之。須服勤務演習撿閱技能及第者。然後進級。但當戰爭之際。於奉職勤務官衙之員。有才能優長。勤務敏活。堪勝武官之任者。可以半減進級停年。

第六節　兵卒之進級

現役二等卒入隊後。約過一年。優異者使進於一等卒。一等卒入隊後約過一年優異者使進級爲上等兵。在動員部隊及補充等兵。可以縮短前項之期限。約十個月。試分進級爲四種如左。

(一)一等兵進級

兵卒初入隊。則爲二等卒。越一年後。優異者進爲一等兵。其進級之法。由中隸長中告聯隊長。聯隊長許可。然後升爲一等兵。

(二)上等兵進級

上等兵分二種。(一)二年之上等兵。(二)三年之上等兵。二年之上等兵。越一年後。可進爲一等兵。進一等兵後。隨時可升上等兵。是謂二年上等兵。三年上等兵者。越一年後。進一等兵。又越一年後。始進上等兵。此謂三年上等兵。

(三)補充兵進級

在戰時兵員缺乏。則用補充兵進級。以足其兵額。此時進級。較平常爲速。以十日爲限。

（四）動員部隊之進級

所謂動員者。即戰時軍隊所用之員之謂也。此時部員之進級。亦與補充兵之進級同。以十日爲限。

第十一章　服裝

第一節　服裝之注重

壯軍隊之威儀。振尙武之精神。形式整肅。望而生畏者。非軍人之服裝乎。然徒炫耀於表外。則糜貲奢侈。有妨歲入。第偏重質樸。則兵士頹靡。有碍軍威。故分兩方面說明如左

（一）體面　平時軍服。將校則以黑質裝式。而以紅黃色章飾之。帽前直竪羽毛。巍然雄壯。軍威整肅。最足赫眩人目。而啓軍人之敬仰。此平時所宜也。

（二）戰鬬　戰術戰略日精。軍隊有易爲敵標識者。必隨時改良以補救之。當日露軍皆衣黑色軍服。射擊最易取準。故傷亡較多。日軍間亦有服黑色者。卒致不利。自戰爭後。今皆一律改爲茶褐色。取其與土質相似。不易爲敵人所識別。此

戰時所宜也。

第二節 服裝之種類

服裝之種類大別爲四

(一)正裝 高冠金紋。前竪鳥羽。服長蔽膝。兩腕袖口飾以金紋。遇陞任或天皇詔見及觀兵式時服之。

(二)禮裝 禮裝者、帽前無鳥羽與章飾等。遇天長節或慰人之時服之。

(三)軍裝 軍裝者、戰時所服之衣也。現今各國軍人。皆用茶褐色。戰時甚利。白晝距遠者雖見。夜間雖隔三尺亦不易識。日露之役。日軍多服之。將校兵卒。同爲一式。所分者襟章肩章耳。所以然者。使敵軍遠而望之。莫辨其孰爲將校孰爲兵卒也。

(四)略裝 略裝者、平時所服之服裝也。較軍裝簡略。如軍裝必具革袋手套茶褐足絆等類。而略裝無之。但下士兵卒。皆有正裝。至其禮裝。則惟將校有之。前日本兵卒。亦有禮裝。因經費浩繁。近已裁之。

第三節　參謀官副官週番勤務官之服裝

參謀官、專供軍前之指畫。而右肩飾有金黃絲線數條。長可繫肱。謂之飾緒。以便在馬上計畫作字之用。又因其寄全軍之耳目。易於識別。無論在何場所。一望而知其爲參謀官也。

副官、平時專司人員之升降轉遷。戰時則代師團長以傳命令。身繫黃白色帶子。從右肩斜掛至左脅。是謂懸章。以爲識別。

週番勤務官、以防營中火燭。監察軍人起居動作等事。其外尚有衛戍巡查官。專司軍人之服裝不整。或違法爭鬬。如二月二日兵士出遊。有巡查則各處戍兵與本地軍人。可保體面。身繫白赤帶子之懸章。以爲識別。

第十二章　武官階級及識別

階級不分。秩序紊亂。事權必因之不一。軍容亦必因之渙散。以之臨敵。鮮不敗亡。故階級之有上下。猶人心之運用四肢。四肢聽然後口講指畫方有依據。而將校兵卒。亦各有所識別。今先言其階級。約分六種。

第一節　階級之分類及相當官之比例

(一)將官　將官、分大將。中將。少將。與其相當官、分軍醫總監。軍醫監。陸軍省主計是也。但相當官不爲戰鬪。下倣此。

(二)上長官　上長官。分大佐、中佐、少佐。謂之佐官與其相當官。則一等軍醫正、二等軍醫正、三等軍醫正、是也。

(三)士官　士官。分大尉、中尉、少尉。其相當官。則一等軍醫、二等軍醫、三等軍醫、是也。大中少尉又稱爲尉官

(四)准士官　准士官。即特務曹長。亦有相當官。俟考。

(五)下士　下士。分曹長、軍長、伍長。

(六)兵卒　兵卒。分上等兵、一等兵、二等兵。

按以上六種階級。除大將外。皆有與其級相等者。如軍醫總監。可等中將。軍醫監。則可等少將。其他相當官。可類推而知。但稱爲將校者。通指大將至少尉而言。若單稱將官。則尉官佐官在外。將官無憲兵及各科兵目之分。但自上官至

雜纂

兵卒。有憲兵與各科兵目之分。如陸軍佐官見憲兵佐官。則先行禮。其步騎砲工輜重各佐官。士官。准士官。下士。兵卒。莫不以憲兵職官爲尊。

第二節　識別各階級之官及兵卒

日本從前之服制。將校與兵卒。各爲一色。而軍帽軍服。又多用赤質以爲識別。及至今日。世界大通。國賴兵而立。民賴兵而安。於是軍人之資格日高。將校雖爲兵之主而兵卒實爲將之輔。無將則兵卒缺引導之力。無兵則將校失指臂之助。二者有輔車之勢。無輕重之分。均爲國家之干城者也。日本近來軍服之價值。日益騰達。將校兵卒服裝一致。無稍歧異。但階級不能無別。故別之以領章肩章耳。亦分六種如左。

(一)將官　將官之肩章。純以金爲本質。大將於本質上加金星章三枚。中將二枚。少將一枚。

(二)上長官（即佐官）　佐官之肩章。以赤色爲本質。直截金絲線二條。大佐金色星章三枚。中佐二枚。少佐一枚。

(三)士官　士官肩章。亦以赤色爲本質。直截金絲線一條。大尉於其上加金色星章三枚。中尉二枚。少尉一枚。

(四)准士官(即特務曹長) 准士官肩章。質與金線條。亦同如士官。但無金色星章。

(五)下士 下士肩章。亦有金線條及星章。但星章用黃線製成。曹長三枚。軍長二枚。伍長一枚。

(六)兵卒 兵卒肩章。質同上。但無金線條。惟加以黃線製成星章。上等兵三枚。一等卒二枚。二等卒一枚。

前言各科本官之肩章。以金爲本質。而相當官。則以銀爲本質。星章視職分之大小。與本官階級所載之星章爲增減。故不另載。但陸軍人員。亦有無肩章者。大概屬陸軍省、或參謀部、司令部、之供事者也。

再前言兵之肩章。以分階級。然猶未知爲何科。何聯隊何部之人員。欲識別之。則由領章之顏色與號頭爲標準。今分三項如左。

(甲)師團聯隊

爲某師團某聯隊之兵卒。則皆於左右領章上。標有某番號之銅文字樣。一望即知其爲某團某隊也。

(乙)各兵科

憲兵黑色領章。步兵緋色領章。騎兵草色領章。砲兵黃色領章。工兵鳶色領章。

輜重兵藍色領章。

(丙)各部

經理部人員。銀茶色之領章。軍樂部人員。深綠色之領章。

(未完)

山羊之利益與飼養法

奮民

拓場牧羊。近各國群視爲殖產興業之基礎。蓋不惟氈呢毛物罐詰乾脯等資其毛肉。而山羊乳近數年來。遂大膾炙於社會。廣爲搾取。普通飲用。獲益良不淺鮮。日本地多濕氣。牧羊事業。大非所宜。故資用原料。多購自吾國及歐美。國內素號爲牧地者。亦不過數百匹。用爲研究物而已。今該國大學內及衛生試驗所等處。分析各種乳質所含滋養分多寡。其結果山羊乳居最優。牛乳次之。人乳又次之。其比較如左。

	◎山羊乳	◎牛乳	◎人乳
水分	八二·五五	八七·一七	八七·四一
乾酪素	四·〇四	三·〇二	一·〇三
總窒素	四·六八	三·五五	二·二九
脂肪	七·一〇	三·六九	三·七八
乳糖	四·一六	四·八八	六·二一
鹽類	〇·九一	〇·七一	〇·三一

舉上表觀之。其優劣判然。蓋人身營養料。以脂肪蛋白二質爲主要物。而山羊乳之脂肪分多於牛乳人乳二倍。窒素物（即蛋白類）無機鹽類。皆多過之。

山羊乳之乳球極細微。形體整然。無凝結塊粒之現象。最易消化。今取牛乳一盂與之比較。山羊乳球以整然之故。靜爲置放。其脂肪質不浮游四散。雖終日亦無礙。牛乳則不然。靜置數時間之後。其脂肪質即分散。故病人小兒等欲飲用新鮮牛乳須於午則就其滋養分未崩離時用之爲宜然近今醫學大家。以試驗之結果。遂欲代牛乳以山羊乳。凡宿有胃腸病肺病其他虛弱之人飲用之尤可得奇效。蓋徵諸事實。非徒形之空言也。

肺結核鵞口瘡等惡疫。牛乳體質往往犯之其傳染於人身者實屬不少山羊則爲極强健之動物。山巔水濱之間無處不有其足跡。其活潑可見。舉所謂可恐之結核等症。最不易犯。即偶有之。而病毒絕無傳染之患。故山羊乳爲諸乳中之安全滋養物。

英國某雜誌。亦記山羊乳脂肪蛋白質甚富。發達小兒身體爲極完善之飲料且較牛乳爲清潔無穢污不堪使用之憂。可驚者其乳量最多。普通山羊一匹。每日可搾取乳計六合三勺。一年可有半噸。（一噸約一千八百六十斤）苟飼養山羊一小羣。半年後即可取乳云。綜此數則觀之可知山羊乳優於牛乳。其有四端。

(1)乳球整水分少脂肪蛋白質富最易消化

(2)乳質潔淨無結核等惡疫之傳染

(3)無臭味易飲用

(4)乳量多且易飼養

羊舍之建築　山羊乳之良否。上已畧述。至其場舍。則依羊數多寡計算可也。茲就乳用之山羊畜之舍之位置。宜擇乾燥地南向。使空氣流通。以取乳之故舍內施食器必極潔淨為至要。否則招臭及他泌乳等症。敷草必乾潔時為取換。六尺平方之舍內。平分其半。隔以三尺高之板。底層後方宜斜下。為糞尿流去之便。

飼養管理法　山羊性喜乾燥忌濕。其特性也。一班之羊均忌多汁之食物。蓋水分多易罹疾疫致體質弱。則取乳不佳。然山羊為家畜中之最健者。耐勞苦堪粗食。飼料水草外。如豆腐糟麥麩等亦可。飼料次數普通乳羊晝夜四次其他三次為宜。乳量一頭一日自五合至一升不等。平均取其五合為度。年齡適十五個月則可交尾生育也。

述者按近今列强相爭。所恃者惟腦髓與腕力。腦以究其精力以實其用。日俄戰爭後。世界各國。莫不驚歎日人之勇敢。與其軍器之精良。競相仿傚。鬬智力。練體格。遂為國民不可放棄之天。則吾國於世界。號曰老大。曰病夫。吸烟纏足。種々惡習。無不足以銷磨國民精神於不覺之中。外人嘲罵雖酷。而吾人自處亦有不堪言者矣。然則欲洗滌此種名目於世界。非發達吾國民之體力。振刷吾國民之精神不可。牛乳之用。文明各國莫不達其極點。山羊之乳。將易而代之。而吾國人則視若細事。號爲文明自炫者。不過購某國一二罐詰。不知地沃氣溫。無地不可以與牧者。莫吾國若。斯源苟開。人蒙其利。國賴以強。擴而充之。織呢製氈。罐詰乾脯等。猶可於商戰場中爭一地步。外品雖佳。吾猶懼其質雜也。近陝北第一牧場。開辦已有端緒。後起者當不乏。故先述山羊之利益。敢作芻蕘之獻。

片羽錄

蚊與蠅之研究

昆虫之類、大都孵生野外、長草密林中、食果實穀稷菜蔬木葉等以自養、間接爲害於人畜、不可勝記、直接者則蚊蠅二種、居大多數、盛夏溽暑之際、其種類蕃衍、實爲可驚、切膚之毒、猶其小焉、甚至麕集汚地、播揚黴菌、釀爲時疫、流害於社會者、亦屬不少、爰略述其生態種類、及撲滅法、聊作消夏之一助、

蚊

(一)形態習性　蚊之體。較他昆蟲類爲最小。然其特徵。猶有頭、胸、腹、三部之別。均由環狀。連合而成。頭部組織有十五節。具觸角一對。上生細毛。其狀因雌雄而異。雄者細毛長且密。雌者短稍疏稀。通常出入屋舍吸動物之血液者。雌類爲主。雄則棲止草木上。吸收其花液粉質。爲營養料。或集合糖酒蜜等物類上。吮其組成分而已。頭部左右。具眼一對。此眼異於他虫之眼。以極大之顯微鏡窺之。宛若蜂窩狀。成於多數之六角形透明物。此其複眼。口細長爲鉤狀。最適於吸收液體用。

胸部有薄翅一對。緣邊有細毛。密排列之。此亦一班昆虫特有之徵。他昆虫之翅。均作飛翔用。蚊則不然。所用

者僅前翅。後翅變爲棒狀。稱平均棒。蓋運動之際。爲保體平均必要之物。胸部下面有長極之三對節足。末端各有一對爪。助靜止時粘物用。

腹部爲環節數個連絡而成。別無他物支配。蚊類近吾人耳時。每有一種微音。乃由翅顫動激成。

(二)變態　蚊性喜濕氣。故其孵化生長。多在水面。大抵溝渠天水桶之溜水來時。則產卵數十或數百。卵狀若船形。浮於水面。色暗灰。恰若埃塵之堆浮。蓋生物界各物。多有一種保護機能。(禽獸之爪牙魚類之鱗鬣螫刺等是)以遂其生。故疑此亦蚊之一種擬態保護色。免他動物侵害之一方法也。產卵後經二日。即孵化。俗稱孑孓。浮沈水中。爲卵之幼虫時期。體成於多數環。有粗毛。尾端有一本呼吸管。倒沈水中。則尾端挺出水面。行呼吸作用。此時孑孓仰吸空氣。附食水中之有機物。二週間中。(每週七日)脫皮數次。後成蛹。爲幼虫之成蛹時期。俗稱鬼孑孓。體少短縮。頭頗大。上有二本呼吸管。沈浮水中。無異孑孓時。一週後。背間裂開。生翅。爲鬼孑孓之成虫時期。吾人目擊耳聞。所謂有翅之蚊者是也。

成虫後。復產卵。其變態如前。每年生育數次。冬季則成虫伏藏適宜處。翌春出而產卵水中。蕃生不已。

(三)種類　蚊之種類最多。名亦複雜。總稱曰蚊姥類。就其色態分者。有黑蚊、藪蚊、麻拉利亞(Malaria)蚊(上語本意大利語、惡空氣之意、沼澤下濕地、所發一種腐敗蒸氣、吾國稱爲瘴氣、傳染於人、則寒慄發熱、所謂瘧疾是也、)等。均遺害人畜。妨其安眠動作。其中爲害遽烈者。爲麻拉利亞蚊。乃麻拉利亞病傳染之良媒介也。近今各國於夏季防此病之發生。遂預先撲滅此蚊。爲第一要事。述此蚊生態如左。

(四)痲拉利亞蚊 蚊形狀概似普通蚊。下顎有鬚長且粗。幾與嘴等。二者頗難區別。又普通蚊休止時。身體多橫平。此蚊則頭部傾下。後部斜立。由卵變幼虫時。對於水面多橫平位置。與他蚊正相反。此乃最易區別處。

痲拉利亞蚊。亦名阿佛來斯蚊。導痲拉利亞病(即歇熱病之原)於人身者。此病源稱普拉斯底謨。爲極小動物。始繁殖此蚊胃中。久則入本蚊口側之唾腺內。生數多鐮狀芽。蚊吮人時。芽遂直入血液中。寄生血球內。遂漸繁生而痲拉利亞病發生矣。此蚊又吸吮患者血液入其胃中。遂吮他人則傳染矣。爲害遂烈者。爲台灣某地。每年豫防甚嚴。故其害甚微。吾國地廣人衆。衛生多不講求。人殷物阜之都市。夏疫甚多。其中或由此蚊遺毒者亦未可知。邦人諸友。其注意也夫。

(五)驅除法 撲滅法。宜分室內室外之別。室內用除虫菊之莖葉。或杉木葉燻之。使之昏醉。吾國用松、杜松之鋸屑。混以少量硫黃、砒石。詰入細長之袋。一端點火燻之。其效亦著。

室外驅除法。斷絕其產卵地爲主要。撲斃其幼虫。宜注意者如左。

(1)街衢有水、宜排除淨盡、下水之暗渠、必疏通無塞、

(2)天水桶水瓶、及凡貯水器內、宜密閉、

(3)養魚池沼中、使捕食其幼虫、

(4)水溜等地、滴少量石油以斃之、

此外尚有別法。然有爲內地不能行者。畧之可也。(未完)

◎毛蟲狀機關車之新發明

英國古拉他莽地方之機械師羅哈多氏。慨近日鐵道雖稱快捷。然築路置軌。爲工實繁。遂發明一種機關車。同地父子機器製造會社。任其鑄造工。後試運轉。頗著好成績。車之構造。以多數輪絡以長鎖。運極重大物件行不規則道途上。略無礙。其速度雖地勢凸凹泥沙阻障。均能自向前進。闢一軌道。宛若毛蟲之運動。故以名之。其馬力二十至三十五。軍用最便云。近英國某學者。覩獨樂（俗名地牛）之自轉不倒。悟重心之獨立。遂發明單軌鐵道。科學發展。新機愈出。鐵道又將起革命矣。

◎自燃瓦斯燈之新發明

從來瓦斯燈。必用燐寸（自來火）始克燃燒。近以化學之理。凡水素與酸素化合成水。必有六百度以上熱度。某學者發見一種新理。謂欲水酸二素合化。不用高熱。觸以白金即可生極高熱度。依此作用。於瓦斯燈之發火口維以極細白金線。瓦斯發生所可於瓦斯中入以少量水素。裝置後。燈口捻機一轉。則空中酸素與瓦斯中之水素同時相觸白金線即可燃燒發光。近人謂瓦斯燈不污空氣。較電燈有益於人。所慮者瓦斯燈必用火燃。今此理出現後。則電燈將受排斥矣。

◎醫學界之大發明

日本醫學。頗膺名譽於全球。病理藥械等所發明者。不勝枚舉。前月東京醱酵學研究所長醫師岡崎桂一郎。發見可珍可貴之機斯他林與機核斯鎮二物。前者爲極强大之澱粉消化劑。後者爲强大之蛋白質消化劑。

據云歐美輸入之澱粉消化藥。一遇腸胃中之酸、阿魯加里性、及鹽類。則全失其消化力。此二物則不然。百倍之澱粉質及蛋白質。僅八分間即可消化。其製造原料由酸酵糠中生出一種之菌類。歐美諸國尚未之聞也。目下東京府下北豐島郡染井園城製藥場中。盛爲精製。實人類中之大福音也。氏爲故醫學士原豐之高弟。繼師遺業。亡寢食專研究者。已閱七年。始得成功云。

◎蚤之驅除法

(一)盛石鹹水於小皿內。中央置以玻璃杯或磁杯。中注石油及少量之水。置於蚤多之室。夜間燃其石油。則蚤多向光跳躍而來。入於石鹹水中而斃。

(二)明礬粉散布席疊上下。或用明礬水塗壁上貼紙。或用明礬水塗於紙上。乾後置之寢者傍。則蚤多引揚遠去云。

◎世界最大之牧場

濠洲打尾港南方六百餘里之維多利亞河停車場。近傍有一牧場。土地面積約二千五百萬英町。家畜數約二千萬頭。爲全球第一之大牧場云。

◎花之停車場

加拿大太平洋鐵道會社。欲增其線路之美觀。故購各種花卉種五萬包。分配各停車場。令於附近隙地蒔種。春季鳥明花綻之際。汽笛一鳴。風馳電掣。若走花叢中。不特風光頓增明媚。遠征旅客。亦堪慰寂也。近日本多倣行之吾國諸鐵道會社之有責者其注意也。

◎年俸三十圓之大統領

西班牙與法國交界之秘貴尼山脈中。按多拉共和國之大統領。年俸僅三磅(約二十圓)。文明國主權中。受最少之報酬者也。

◎通七國語之少女

近頃、由伊大利移住於美國之少女名哇斯爬意。年僅十歲。通俄語、波蘭語、佛語德語、西班牙語、英語、並己國伊大利語、共七國語。美國移民官大爲驚動云。

◎三百哩之鹽塊

加拿大嗎尼多跋州某地方世界最大之岩鹽鑛發見。其深二十丈。長亘三百英里云。(每英里約吾國二里半)

◎最小之婦人

美國某地有一婦人。本年三十二歲。身長僅二尺三寸。體量約三十磅。(每磅十二兩)即二十四斤。稱爲世界中最小之婦人。去月病死云。

◎太陽旅行費

法國有名之星學者福拉謨里翁。最近之著述云。若月在日之地位。吾人不能見之。言日與地球距離。若坐每二時三十七哩半之火車。須十萬三千四百七十二日。即二百八十年。始可達。鐵道費每哩一辨士(約吾國四十文)計算須五百九十六萬元云。

附錄

一興安學界之怪現象

（前畧）方今舊學之腐穢雖除新學之基礎未立正擁皋比者左支右絀之時而內地山深地僻頑固不肖之學究復時作毀學堂復八股附會影響之說以搖惑人心窮鄉僻壤之爲父兄者無明瞭之擇別以決去取隨波逐流往往一閧發說即據爲定論坐令興一學堂舉一新政幾如登天之難縱有聰明子弟甘令蹈往時背天地玄黃荒謬不顧其與通都大邑新少年並駕齊驅誤眼前之造就限日後之程途吾不知若輩是何居心必欲將後起者養成頹落無能然後快于心歟抑無知而誤犯歟然此不足怪也。數千年之積漸有由來而一二人之筆舌無效力。最可怪者。湊地西學之興。係自庚子以還。前後未及十稔。而所謂維新者流言獨立則室家之不順言自由則人己之不分言競爭則薄物細故而必較言平等則下流匪類之是伍而尤以估訛侵佔爲獨一無二之利權新學之特色半點無聞新學之僞端一齊俱備授人柄而藉人口中頑固局外之譏訴並志士之建設亦隨之而敗壞故雖有心人常效孫公說法而談虎色變該而避之者有之矣拒而絕之者有之矣甚或以蜀之日粵之雪目之矣長沙抱痛汨水埋忠姚烈士所以以身殉學而投春申之浦也今雖官書雪片日夕相催有司倡首山陬小邑亦孰不曰興學堂興學堂哉而承辦之人非帖括名家即黑眼貢監否則奔走官府之鄉約保長也此等人目不識丁者居其大半平日負嵎鄉里作威福驕妻妾目未覩學堂之狀況足未履學堂之門徑貿然授以章程一部責以籌欵數百假鄙陋湫隘之祠宇公所聚牧童數十縱橫其間即上報曰。某鋪某里學堂成矣某鄉某邑共成幾所矣而苟且塞責之台司亦即據以大書而特書曰某府某縣共有學堂幾所某所爲官立某所爲民立忻忻自得居然期教育之普及焉豈知蒙馬以虎皮表面可觀者內容究無足取況表面猶非完全之表面者乎他不俱論吾郡人也。請以郡論郡中學堂。聚八屬之子弟而敎之。固赫赫然中學堂也。係修於三十一年。開辦時三十二年。其總辦爲僉文同。其監督爲阮善述。其管理爲楊麗僉王先培。其庶務爲阮承元。（阮善述之子）自乙巳迄戊申。爲期四年。糜費鉅萬。就名義上觀察之寧非關以南之代表乎乃考其現象總辦則巡學儀注之不諳而聞於禮房書吏（此去歲二月事、擬有文問自河知縣、書吏答以章程有此條、始辨其事、）監督則經月不到學堂雖生徒之賭博鬥毆亦失察（鬥毆係恒口陳姓者、因爭油起毆、幾致人毆死、賭博係張某寇某等、輸贏欵項、至五百餘金之多、迨各家父兄查明稟府、請其到場監責、始悉顛末、吾不知該監督於南之原、心地之昏、何其亦至如此也）管理員也而不明應盡之責任庶務員也而不知應辦之事件唯唯諾諾俔俔伈伈惟情面資格是視以公項作調濟之具假薪俸爲養老之資每月雖亦照例到學一次而茶話時非矜八比之工穩即誇試帖之凝鍊非言某人發科之早即羨某官得缺之優（僉文同生平制藝、不下數百篇、現將得意之作、選定百餘篇、屬書手二人、謄眞付梓、每向勸學所諸紳曰、將來出板、以三分之一存城內穫秀堂出售、以三分之一贈郡中學界、其餘三分之一則寄回甘肅、以餉鄉里之有嗜痂癖者、）如鄉里老嫗談姑婦勃谿事刺刺不休問以學生之程度如何學堂之管理如何則直目瞪視曰有章程在有章程在究之章程何謂則亦未嘗寓目也有留遞學生以若輩尸位素餐貽害遠鉅者則惱羞成怒詈之爲少年狂妄停其費使不得卒業而踹曰吾裁抑其囂矜也吾防患於未然也。

翊翊然以先覺自居惡青年如蛇蠍青年亦惡其腐敗也奉之以老煤泥之名號於是新舊兩派如鑿枘之不入而水火之勢成矣而學界之振興至此亦遂無少許之望矣嗚呼。無教化之國民雖有良法美意亦難以善承其後居寄氏之言誠至言哉凡此皆吾鄉學界之怪現象也代表如此附屬可知一隅如此全省可知學堂乎學堂乎何他人行之而有益吾行之而反爲害也要而言之學堂者地方之學堂也。地方爲育人材以圖自強起見。故興學堂。則必以本地之人自爲組織。而官吏爲之輔助。庶可望其有成。若專恃官吏。而不恃地方。則如嬰孩之藉育嬰會幸而有成亦奴隸牛馬而已遑論不成乎其要在各地有志之士先創教育研究會以集同志次設教育演說會以啓顓蒙次開辦學商聯會以聯學究然此在東南風氣已開之省。或易舉行。若秦則僻處邊陲。風氣閉塞。未必有登高一呼。萬山響應之速。即使應之。而收效亦在十年二十年以後。緩不濟急。奈之何哉。所望東渡諸君子。探友邦之文明維祖國之頹敗使吾秦百廢俱舉大放光明不禁拭目俟之

紫陽縣之奇冤

來稿

陝西興安府紫陽縣漢王城地方。防營哨官何質彬。駐紮該地。于今六年。藉端苛索。誣姦聚賭。復縱容營勇。倚勢凌民。幾於無惡不作。今正十三日。該營兵攔街聚賭。紫陽春儺。例以獅子龍燈爲戲。相沿成俗。甚鄭重焉。至街爲伊賭所阻。堅不讓路。且怒色相向。民衆動公憤。相與爭論。奈彼等有營官何質彬可恃。益肆強橫。以致人情大譁。該鎮紳保潘袁吳王等聞知。速往理解。委曲調停。強民衆爲若輩陪禮寢事。亦可謂畏勢而安分者矣孰意若輩怙惡不悛。新正前半月。尚不足盡其健賭雄興。至十六日。尤聚賭如故。民衆向爲紳士所強。非懾於

伊等之威勢也。且以新正聚賭。情尚可原耳。然既兔屈於前。自不能不欲伸雪於後。是夜不謀而集。會知紳保。將賭兵賭具。一併拏護。詎何質彬刁難萬分。復賭案不擺。紳士慮軍民不和。釀成鉅禍。於十八日。一面開導民衆。一面席請該哨官。並請距鎮五十里漢陽坪哨官劉某。從中調和。與伊披紅放炮。送該賭勇朱姓回營。乃坐未移時。突來窩賭同賭之匪民。夥同賭勇多人。蜂湧營門。遷怒於和事諸人。估索賭具。辱罵萬端。何質彬坐不彈壓。營勇益暗助水火。黑暗地獄。漫無公理。至於此極。致該紳保以非賭朋兇稟縣。何恣其猖言。誓殺數人。腿上一拍。灰鄉不粘等語。是夜王紳兄弟啓翰啓鍵二人。路過街首銅鑼灣。適遇營勇攔路刺殺。幸其兄弟年輕體健。且走且號。鄉鄰聞呼應救。得以無害。而該兵慮人多被擒。急水渡江。爲對岸居民追護。則尚著號衣之金勇也。次日紳保將金勇送縣。張大令將金勇與王氏兄弟一併收押看管。經縣主張大令連日數訊。質明該兵兇賭謀刺。均屬實情。不與紳士並王氏兄弟相涉。詎金勇於二十二夜服毒。死於獄內。該營乃藉死造刁。張大令奉府批伺驗。該營竟率衆列隊紛鬧。辱罵不堪。張大令乃再親身稟府。另委安康縣王大令驗明確係服毒身死。生前手足微傷。不關緊要。據此以談。若猪之理屈詞窮。益彰彰矣。聞有該營統領焦仁常由省來紫。捏稟株連。多方羅識。並謂張王兩大令受賄左斷。意在必取無辜頭顱。爲何質彬雪忿。又聞該鎮紳商自焦仁常來紫。率皆畏其強横。潛身遠害。公論頓息。天外奇獄。將悉移於王氏兄弟之身。近張大令已通詳上憲。未知將來作何了結。嗚呼。關南一帶。蒼務難治。故歷來官吏者執一南山賭案加等治罪之說。以相與從事。其結果則民氣弱。而官勢愈横。庸流下卒。奔走官府。皆思爲所欲爲。此去歲有營兵劫殺鎮憲之謀。而游勇有毀燒焦仁常之公館之舉也今何質彬黑夜狙殺人命欺翹小民風聲鶴唳時局既已堪虞復何堪更有若輩以速其成耶張王兩大令皆精幹廉明或不至爲若輩所惑然若輩勢焰兇惡虎狼成性恐兩大令難與爲敵耳夫駐紮防營原以保民治盜也以保民者殃民治盜者倡盜是治絲而紛之也救火而濟之以薪也古今草澤匹夫斬木揭竿皆足爲國家大患爾時雖將何質彬粉身碎骨以謝天下何之肉其足食乎不知秦中大吏果亦有所聞否噫

縣令之疾視學堂

來函

蒲邑高等小學堂之腐敗久達極點。昨年代理朱徐二令。始更新之。頗有可觀。所聘教員皆久知名者。將欲漸加擴充。乃未久即去。李令体仁回任。至學堂一覽。歸語人曰。純是妄爲。有識者聞而笑之。伊自此後。足不永履學堂之門。或請加額數。購置儀器標本。伊以無款謝之。噫此言者不悅新政者公共之辭也。又對於師範生曰。卒業任其卒業。無位置彼等之地。初等小學堂。尚爲鄉先生留體面也。

貪贓枉法

李令前任蒲時。與總里局局長奐某善。奐私吞公款八百餘金。李與分贓焉。昨歲與彼同事者杜某。控於前代理朱令。朱令已斷令以私吞款之半入公。奐聞李將回任。故延遲不交。比李至。奐遂反前案。李令竟不容杜姓分訴。杖之五百。押於獄中。閱數十日。以賄得免。聞杜木中人家。貧因此事已傾家蕩產矣。

閻王斷之謠

李介人與原烈王溫厚段寶林善。而惟原烈爲尤親密。互相倚伏。表裏爲奸。邑人爲之謠曰。大小案閤王斷。（指原王段三人）

●勸學所之封閉觀

勸學所總辦原烈。副辦郭郃郎昭。郭常居私第。吸食洋煙。嘗語人曰。我本不願此事。乃官强委之（此語實爲凡紳士之藉發者自掩之辭）原間一至焉。以故門常封閉。有闃其無人之占。而四鄉所派之勸學員。亦與原郭同。惟李九標頗稱其職。

●巡警之腐敗

巡警總理岳某。毫不知巡警之意義。所招巡警三十人。（實祇數人耳）皆市中乞丐。每人日給錢百文。以原烈之兄某爲巡長。某以營利爲事。（私設洋煙舖號福興源日熬煙三百兩）毫不奉公。巡警食煙盜竊。無所不爲。行其街。巡警之迹。寂如也。道途惡棍。鬭毆欺盜不絕。與未設巡警時。絕無所異。

●師範傳習所與高等小學堂之可醜

師範傳習所教員閻洪道。久不符人望。且不知教育爲何事。故人皆裹足不來。僅湊砌六七人。勉强開學。初等小學堂。共三十處。其教員多半皆由夤緣而得。非原烈之門生。即其親友。非特毫無科學智識。並奏章未一寓目。門面雖懸學堂之牌。而內容則仍是舊日教書之法。且有謀私便。學堂移徙無常。又有並無學生。公然領取官費。噫如此興學。亦何苦哉。

工藝所之怪象

工藝所。本待質所。以收押民間之辦公者也。當營造時。敲朴民間。無不至。功已竣。而誅求尚未已。其報告支費。浮出工程者實多。然人尚忍之。以為此後可免獄中之苦。而孰意視其門額。則蒲城工藝所也。然猶冀財源可開也。乃入其門。則惡役互相枕藉。吸食洋煙。此地竟成差役之宿所矣。其工作。但絞錢繩織小帶而已。無錢。雖公正人亦押于黑獄。有錢。雖盜賊亦得居此地。嗚呼。工藝所也。待質所也。如是如是。

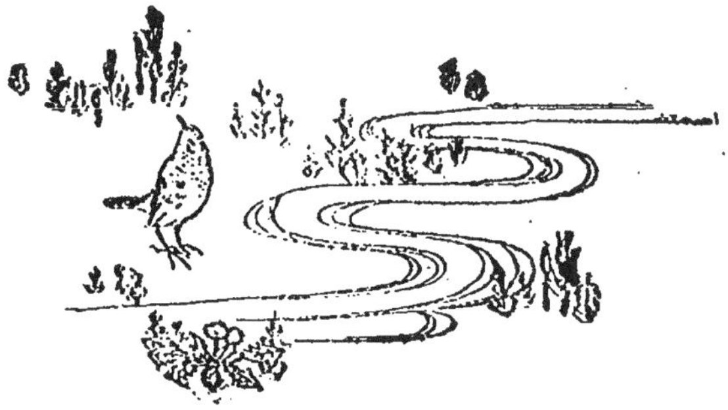

時事彙錄

◎列強時局一覽

◎俄建砲艇（俄）倫敦電云有俄工四百名自俄國啓程赴略培洛斯克建造砲艇爲專用於黑龍江者因前所成者今已遣出之故此等工人隨後即擬用以建造黑龍江鐵路云

◎俄國大水（俄）倫敦電云俄國莫斯科近有大水估計所失約值洋二兆元

◎美總統力主多造戰艦（美）華盛頓電云美總統又致書國會請許造艦四艘是爲第三次之催督矣

◎美擬在東建設領署（美）華盛頓電云美國擬營造東方各領事署一節現已籌定費額計美金一百三十七萬三千六百四十三元購地築費者在其內所擬建造者爲上海香港長崎濟物浦橫濱及中日韓各商務口岸十六處云

◎美擬擴張在華法庭權力（美）字林西報云美國曼塞乞塞省議員勞倍君在上議院呈遞議案請將美國在華法庭權力實力擴張

●前任總統病危（美）據美國來電云美國前任總統葛洛佛現病膨脹甚危

●美艦隊游華駐處（美）據柏靈來電云美國艦隊日後游來中國時擬以一半屯駐煙臺餘泊厦門

●火油大王擔任路款（美）紐約電云近聞美國火油大王洛基番納。向俄政府陳明如之欵建造黑龍江鐵路彼可接濟俄國俄政府聞此極爲感荷

●英國造最速巡洋艦（英）伯林電云英國新造鐵甲巡洋艦即滕密台勃爾（載重一萬七千五百五十噸）茲已落水試航。每點鐘駛行二十八海里。較預料時多駛三海里。其機器與奪雷特戰艦同式。然奪雷特僅行二十一海里餘耳。

●英國財政充足（英）倫敦電云英國下議院已准抽茶稅總計預算案溢餘之款共有四百七十二萬六千磅以六千磅充公家局所費用餘以歸償公債近三年來國債減入之數在四千萬至五千萬磅之間一千九百零八至零九年各款費用共一億五十二兆八萬六千九百磅入款爲一億五十七兆七十七萬磅

●暹羅割地讓英（暹羅）倫敦電云。英國與暹羅所訂新約據云暹政府允許割地六千方里讓與英國。

●德國注重經濟學識（德）初二日伯林電云德國外交現注重各國經濟以後任外交事務者須深具此學力方可勝任。

●亡國皇帝之末路（日本）泰晤士報初六日紐約電云。據華盛頓來電謂日政府擬將高麗前皇流放日本

●哀哉朝鮮無言論權（朝鮮）朝鮮所出之高麗日日新聞茲已勒令停刊又舊金山高麗新聞業已自行停

刊。

按朝鮮報律實行尚未數日今已有勒令停報之舉舊金山高麗新聞之停刊想係受韓人擊殺美人之影響哀哉朝鮮之亡國朝鮮人之無言論權也今中國政府亦欲以報律限制國民言論自由吾不知其視朝鮮政府之程度爲何如也

◎內國新聞誌要

◎政界

◎支度部擬舉行印花稅（北京）字林西報北京訪函云度支部近致電各省督撫舉行印花稅以償鴉片入餉之損失天津保定兩處現已試行惟因商人反對一無所入天津商會總理因稟請能行此舉大受直督批斥謂國家創辦印花稅原擬以代鴉片入稅凡爲國民者理應維持此舉云聞各省督撫現已就地方情形磋議此次稅章云

◎議設西北邊務大臣（北京）前日政務處集議時醇邸同在座各王大臣提議以蒙古改建行省已經緩議惟西北邊務大臣一缺亟宜先爲設立以資督率邊防要政所有應行制度即著仿照川滇邊務大臣參酌辦理聞袁大軍機頗爲贊成。

●革命黨入京之風說（北京）聞日前有革命黨多人由京漢火車晉京內有黃鶴齡併其他數名現在不知

時事彙錄

蹤跡故民政部與步軍統領衙門得信之後立即會商搜捕辦法刻下正在嚴查云

●京師搜獲軍火詳誌（北京）日前內城巡警總廳偵探員恩連等訪聞前門外第一客棧有私藏軍火情事因於前月廿五日帶兵往該棧搜查搜獲快鎗馬鎗大小手槍子彈等物甚夥彼時尚不知爲何人所儲當將該棧主人張姓一併帶往內城總廳嚴行訊辦以期水落石出

●政府整頓西藏要聞彙誌（北京）日昨度支部澤公與大清總銀行張伯納京卿會議西藏創設銀行事宜並發行紙幣即日派員前往組織一切

政府以西藏地方關係緊要擬將詳細輿圖預爲籌畫布置之策特分咨陸軍民政兩部商派測繪人員前往測繪成圖以資參考新疆紳商稟請新疆巡撫代奏在西藏地面招商興辦鐵路一事前交度支部議奏聞已議准不日即行覆奏

●飭派員入萬國行船會（北京）日昨外部特致電與駐俄薩大使略云聖彼得堡於四月間開設萬國行船會俄使請派員入會已由郵傳部照允以會期甚迫請貴處就近派員入會聽講即將派委員名電知介該員考查內容隨時報告薩欽使接電後當即電復照

●學界

●催辦分科大學（北京）學部議設分科大學久無開辦消息現聞南皮相國日前面催榮尙書尅日鳩工建造堂舍務須於明春開辦併開開辦之始暫設文理法工四科云

實業界

陝紳追悼盡瘁路事者（陝西）西安函云。籌辦西潼鐵道處總幹事崔少芳先生作古。該處同人於三月廿六日在長安學署開追悼會。是日來賓約七百餘人。軍界居最多。學界次之。商紳各界又次之。陸軍學堂學生及新軍第一標第一營。皆由教習導領成隊蒞會。約三百餘人。會場輓聯甚多。十二點鐘開會。其秩序如下。（一）報告開會理由。（二）述追悼詞。（三）讀祭文。（四）行追悼儀。（五）來賓演說。（六）會員演說。（七）對於鐵路條陳意見。（八）閉會。旋推趙君爲主席。會員李君桐軒邵君仲頤相繼演說。臨場認股者二百餘人。共二萬餘股。該處向舉總幹事二員。茲以崔君已故。遂由評議公推王錫侯君爲總幹事。王君力辭。願作名譽贊成員。該處同人以西潼路事之發起。王君實爲原動力。今商辦議成。未宜任其旁觀。乃決不允辭。又以路事開會商界中人常居少數。非加意提倡不可。因決定四月初四日特開商界路事會。以資聯絡。其祭文云。嗚呼西潼鐵路之議成。秦民由公得生。而公轉因此勞病以死矣。昔我先人。肇造區夏。實始雍州。我秦民奠厥攸居以生以養垂四千年。以爲此地主。則夫秦地山川。諸夏文明之所始也。一草一木。皆我秦民生命之原也。異族強迫我政府。要索我利權。肆爲封豕長蛇。以來蠶食我鐵路。我陝人方嬉遊歌詠。酣夢無覺。嗚呼誰實爲之。而至於斯。同人等不敢自逸。奔走號呼。迄用無成。幸賴老成。路事遂定。胡天不弔。遽厲虐疾。然務方大。漸猶念路事。函致中丞。以及同人。呼嗚開公遺訓。倘戀於茲。衰老不忘。發忠刻在少年。乎自今以至後日。我衆其共保商權。各盡厥職。毋逸豫心。思材力。不敢自私貨利。不敢愛我陵我阿我泉我池。毋滋他族。實逼處此。以保我子孫黎民。尚

亦有利哉秦隴山川不蔑羞恥則公雖死而不死矣昭告徵忱我心益慼精爽如存尚期歆享

◎聘請英工師勘洛潼路線（河南）河南鐵路公司前接到鐵路協理袁參議函稱現已聘定英國工師李青士定於三月二十後起身不日即可到汴一俟到後即往河南府迤西查勘洛潼路線矣

◎山西擬組織銀行（山西）每日新聞云山西省大銀業家對于外國諸銀行之競爭特以資本二億兩設立一大銀行云

◎蒙古拓殖銀行（蒙古）每日新聞云蒙古拓殖銀行設于喀剌沁之附近對于農工業及開墾事業以三十年賦課貸出資金云

◎凱約翰將來皖議礦事（安徽）英商凱約翰以銅官山礦爭持許久前外部有備款贖回之議擬即來皖與馮夢師礦商一切皖紳議以須照山西福公司辦法取贖始可承認蓋凱知此礦頗難得手故略為讓步云

◎築造防波堤（芝罘）三月二十八日每日新聞云芝罘中國商人王某數年前曾計畫築造芝罘防波堤以臻芝港之繁盛尚未見實行而此次與同志協議實行計築造費豫算須銀二百萬元半欲募諸芝港內外商人半欲課諸內外船舶之稅云

◎英人測勘滇礦之聲聞（雲南）英政府前派員祿文君察勘雲南礦產自去年十一月初由新街至騰越赴永昌現在又由永昌赴大理登山涉水勞瘁不辭大約今年五月間方能竣事該員曾於光緒二十八年滇省大吏及北京政府將雲南之雲南徵江臨安蒙化楚雄沅江永北七府礦產賣與英法隆興公司該英員實為

時事彙報

查驗礦苗而來若七府之地無論何府無礦者可另指他府作抵名雖七府實全省礦產皆在其內云

●中國去歲之貿易　據去歲年終稅關報告昨年我國之外國貿易輸入總額四億一千六百四十萬一千三百六十九兩（海關）同輸出總額二億六千四百三十八萬〇六百九十七兩合計外國直接貿易額六億八千〇七十八萬二千〇六十六兩其內

英吉利　八千九百六十七萬〇三百四十五兩

美國　六千三百五十萬一千兩

法蘭西　三千三百八十一萬七千二百十一兩

德國　二千二百二十八萬六千五百九十五兩

日本　九千六百八十萬八千八百八十六兩

香港　二億五千二百八十六萬八千四百五十兩

軍事界

●派員赴藏添練蕃兵（西藏）西藏練兵一節政府已經決議近聞鐵尙書擬在藏中添練蕃兵一鎭或添練一協日前特電致川督趙次帥令其預籌餉項以應要需並聞該尙書擬選派周參戎光弟先行赴藏調查蕃落現在情形將來能否練成勁旅以衛邊疆之處隨時報告本部以憑核辦云

●粤督籌畫榆林軍港（廣東）陸軍部前咨粤督查取瓊崖海口榆林港是否堪作軍港一事現經張安帥派

員調查繪圖詳覆謂該港形勢絕佳雖瓊州全島水土多係惡劣而此處並無瘴癘惟地處極南非駐紮重兵不足堅守且須建築鐵路以資聯絡聲氣調兵運餉方有把握否則孤懸海外雖天險亦不足恃云

●擬簡各大員分任海軍事宜（北京）聞政府諸王大臣現在極力籌畫興復海軍之事擬簡派各大臣分任其責醇邸及袁大軍機有派爲督辦消息王士珍有派爲襄辦消息其調查各國海軍事宜則擬派載振溥倫兩貝子載濤載洵毓朗三貝勒分赴東西洋考察云

●雲南亂事略誌（雲南）據大阪每日新聞云革命黨孫逸仙黃興等在雲南叛亂已占據河口縣及南溪等處并擬分兵進攻雲南府云云

又據前日日本新聞云革命黨勢已衰近日官兵大獲勝利河口等處已克復滇督以下均可望得異常保案云

夏聲雜誌社招股章程

(一)本社集足資本金二千元爲限分四百股每股五元有願入股者挈去本社收條爲據

(二)非同國人之股不收同國而聲名狼籍者其股亦不收

(三)本社資本金總額除由發起人承認四分之一外餘股均從事招集按兩期招齊凡第一期入股者作爲優先股有特別利權餘概作普通股

(四)本社每年進欵除各項支銷外其贏餘爲紅利分作十二成二成作爲公積二成作辦事者酬勞金餘八成按股均分

(五)凡內地銀元未通行之處無論股本股息皆以庫平銀七錢二分爲一元起算

(六)凡入股或集股至三十股以上者本社酬紅股二股多則遞加其應得紅利與正股同

(七)凡入股者本社給以股票息摺周年率息八厘於收股之次日起算每年中歷三月朔後向本社隨地暫設事務所執摺取息

(八)凡數人共擔一股者須以付名之一人爲定本社亦祇依股票上之人名是認

(九)凡紳商士庶不欲入股而以資金贊助本社者本社推爲名譽贊成員登名報端以鳴感謝但視其贊助之多寡以爲報酬之厚薄

(十)股票息摺如有遺失可報明本社俟無轇轕後即另行補給其所拾得之票摺亦

作爲廢物

（十一）如有人願將股票息摺轉售他人須親赴本社事務所將舊票摺繳銷另給新票摺以免歧誤

（十二）收股之期限　本社之股分兩期收集第一期三元戊申年正月朔後起六月晦日止第二期二元同年八月朔日起十二月底爲止但第一期全交者亦可其已交而二期過期不至者本社當作爲名譽贊成員其所得之權利與名譽贊成員同至第二期入股限期而未全交者已交之股亦作爲名譽贊成捐

（十三）股東之利益

(1)凡入股至五十股以上者本雜誌出版後永遠送閱一份不取分文惟不在東京者須照加郵費

(2)凡在五十股以上之股東如有新著新譯無論已刊未刊將譯已譯者或他要件而欲登常期或短期告白於本雜誌者本社照常例外特別優待減收三成

(3)無論紳商士庶入股本社者皆得爲本社社員

（十四）股東之權限

(1)本社雜誌之印費及雜費俱由定欵內支出社員於所納股分外無擔任經費之責任但有特別事件亦可臨時酌議

(2)凡入股至二十股以上或數人而有二十股以上相當之資格者皆有稽查本社賬項之權但須前三日豫爲告知

(3)凡入股而非本社幹事部編輯部各職員者不得有監督本社言論之權

本社代派所

西安

省城南院門　公益書局
省城健本小學堂　王正心君
省城教育會　南雪亭君
三原縣宏道學堂　李廸庵君
三原縣東城內　純惠堂
綏德州中學堂　安慶豐君
郃陽縣郃干小學堂　楊風軒君
渭南縣勸學所　王緝君
同州府城內東街　郭文選君
榆林公立小學堂　高普熙君
漢中城固縣鹽店街　常乾生君
宜君高等小學堂　張文通君
延安府中學堂　曹之翰君
蒲城縣教育會　李良才君

甘肅　省城高等學堂　王章君　車正軌君

廣西　梧州府公益商店　粵西雜誌支部

山西　省城　教育總會　晉新書社
河東運城　廻瀾公司
解州　河東第一織紡公司

河南

省城西大街　大河書社
省城優級師範學校　張仲友君
葉縣師範傳習所　宋經裕君
信陽師範學堂　曾子晉君
衛輝府中學堂　秦長明君

雲南　省城　雲南雜誌支部開明書局
騰越廳　公學會
昭通府　廣開看報社
永昌府　新開縱覽社
臨安府　中學堂
大理府　義豐泰
大理下關　福全臻
蒙自縣　萬瑞號
蒙自個舊廠　元興昌

四川　省城　四川雜誌支部
重慶　四川雜誌支部
嘉定府城外土橋街　寶善書局
夔州府　公立中學堂
順慶府城外　自成祥號
叙州府大南門外　劉春和君

安徽　安慶桐城縣南城內
東後街姚南園　姚叔綸先生
安慶桐城縣宜民門內余家灣江宅　姚國威先生

日本東京神田駿河臺 中國留學生會館
神田南神保町 羣益書社
神田區表神保町 中國書林
神田區今川小路 振華書局
神田區小川町 中日書社
早稻田鶴卷町 同文館
其他各大書坊
長野縣長野市宏文學院構內
支那留學生山西陝漢閣先生
興安新城安康縣高等小學堂 劉衡鈞君
興安白河縣高等小學堂 余熙臺君

倫敦 支那留學生會館 山西馬峻臺君
舊金山 大同日報館
鳳翔府中學堂 羅傳銘君
鳳翔府警察總局 程鐘銘君
直隸保定府東關陸軍學堂 張寶麟君 嵩仲昭君
上海中國公學內 販賣所
漢中府城內南鄭縣高等小學堂 楊振瀛君
西安府醴泉縣城內 王授金君

夏聲雜誌第壹號目錄

夏聲雜誌第貳號目錄

夏聲雜誌第參號目錄

夏聲雜誌第肆號目錄

夏聲第五號刊誤表

頁數	行數	誤	正
二	一	並	拜
二	一二	一圈	一國
四	六	婦	歸
四	六	殘	殘
四	七	哀悼之下遺之字	
四	一二	曰應	日夜
七	八	避	遴
八	九	室	窒
九	三	廊	廓
一〇	九	爨	燹
一〇	一	睹	堵
一〇	一三	搧	幔
一一	七	薛	薛
一二	三	點	默
一二	六	點	默
一二	一三	獄	羅
一四	一一	拂	縛
一五	三	於我浩劫何年偏鍾	浩劫何年偏鍾於我
一五	四	介	今
一七	一	京末	末京
一七	七	鍊丹	鍊臍
一八	四	日本戰國二之	日本戰國六雄之
一八	九	□	然
二〇	三	軍	車
二一	五	即以齒物下脫一爲字	
二六	九	稍	稍
二六	九	鎖	銷
三一	一一	滅	減
三二	七	林	株
三四	一	盍	蓋
三五	四	國	因
五一	八	眼人	外人
五七	四	Zc	Zs
五九	六	斛	斛
五九	九	倘	倘
六四	八	之地下遺矣字	
六五	一〇	亦	且
六九	一〇	礎	礙
六九	一三	傾	盡
七〇	七	拂	搭
七一	一	此字下遺之字	
七一	一〇	音譯	（音譯）

七四	三	現字下遺時學	
七八	五	cald	cal-d
七八	一三	緻密	密緻
八一	七	緻密	密緻
八五	三	制	臍
仝	四	結	絕
仝	八	孩	孫
仝	八	技	枝
八六	八	彩	衫
仝	一一	歷	歲
仝	一二	鳥	鳥
八七	二	化	花
仝	二	技	伎
仝	三	爲周	爲問
仝	七	孤	孤。
仝	九	瞄他。侵。曉。偷。隨。燕。	瞄。他。侵曉。偷。隨。燕。
		到。家。	到。家。
仝	一〇	寒。	寒
九五	一八	標物。	博物
		……	……
九七	一	他一端有稍長者。	他一端有稍長者
仝	三	其一至於觸角。	觸角。……

九八	九	人頸形	人頭形

二

本社簡章

(一)本社以開通風氣滌除敗俗灌輸最新學說發揮固有文明以鼓舞國民精神爲宗旨

(二)本雜誌依各大雜誌體例不分門類略括以論著時評學藝文藝雜纂等其他凡不與本雜誌宗旨背戾者隨時選入

(三)本雜誌月出一册以陽歷每月二十五日發行絕不延期

(四)本社除撰著及內地調查員無定外設總經理一人編輯三人庶務二人校對六人書記二人會計一人收發四人以執行社務均由社員更迭充選分途擔任

(五)本社報資從廉全年二元半年一元一角零售每册二角郵費另加內地銀元未通行處日銀一元以庫平銀七錢二分折算預定全年者第一期收到後即須寄全年報費空函無效

(六)代派員主任內外各埠分銷雜誌事件由各社員具保證書擔保倘有侵蝕款項逾期不滙解者即責償於原保不得推卸至代派員之報酬拾分以上者九折五十份以上者八折百份以上者七折多則遞加

(七)凡有捐資慨助本社者皆推爲本社名譽贊成員視捐助之多寡爲報酬之厚薄

(八)凡擔任本社事務及經濟者皆爲本社社員

(九)本社創辦基本金由發起人擔任四分之一外概從招集

(十)凡有與本社通信及投稿者請直寄日本東京小石川區第六天町四十番地本社事務所

(十一)本社訪事規則另有專章願擔任訪員者請函告本社或各地代派處索觀可也

報資

全年(十二冊)	二元
半年(六冊)	一元一角
零售(一冊)	二角

郵費

本雜誌凡日本郵便能通之處每冊加郵費一分五釐其餘若歐美等處每冊加郵費六分

廣告價目表

	一頁	半頁
一回	八圓	五圓
三回	二十一圓	十三圓
半年	三十八圓	二十四圓
全年	六十一圓	三十圓

廣告取次所

東京市小石川區第六天町夏聲雜誌社
東京市神田區中猿樂町四番地秀光社

代派所

陝西省城	南院門公益書局	甘肅省城	高等學堂	上海中國公學	何鳴鳳君
陝西三原縣	東街存惠堂	河南省城西大街	大河書社	日本東京	中國留學生總會館
陝西同州府	郭文遂君處	同優級師範學堂	張仲友君處	同	中國書林
北京大學堂	李博君處	雲南省城	雲南雜誌社支部	同	羣益書社
山西省城	教育總會	四川省城	四川雜誌社支部	美國	舊金山大同日報館
同	晉新書局	廣西省梧州府城	粵西雜誌社支部	英國倫敦	中國留學生會館

陰曆
五月二十一日印刷
五月二十五日發行

明治四十一年六月廿一日印刷
明治四十一年六月廿五日發行

編輯兼發行者　夏聲雜誌社　東京小石川區第六天町[illegible]
編輯所　夏聲雜誌社事務所　豐多摩郡下戶塚村六百二番地
發行所　夏聲雜誌社發行所　東京市神田區中猿樂町四番地
印刷所　秀光社　電話本局一九二五番
印刷人　藤澤外吉　東京市神田區中猿樂町四番地